세상을 바꾼

전염병

세균과 바이러스에 맞선
인간의 생존 투쟁

세계사 가로지르기 14
세상을 바꾼 전염병
© 예병일 2015

초판 1쇄 발행	2015년 6월 22일
초판 9쇄 발행	2021년 12월 31일

글쓴이	예병일

펴낸이	김한청
기획편집	원경은 차언조 양희우 유자영 김병수
마케팅	최지애 현승원
디자인	이성아 박다애
운영	최원준 설채린

펴낸곳	도서출판 다른
출판등록	2004년 9월 2일 제2013-000194호
주소	서울시 마포구 양화로 64 서교제일빌딩 902호
전화	02-3143-6478
팩스	02-3143-6479
블로그	blog.naver.com/darun_pub
페이스북	/darunpublisher
메일	khc15968@hanmail.net

ISBN	979-11-5633-048-6 44900
	978-89-92711-70-8(세트)

세상을 바꾼

전염병

세균과 바이러스에 맞선
인간의 생존 투쟁

예병일 지음

다른

차례

3 전염병과 인간의 반격

4 전염병이 바꾼 일상

5 전염병과 인간의 미래

약 백 년 전 한적한 시골 마을. 건강하던 어린이가 갑자기 열이 나면서 피부 표면에 물집이 잡혔다. 물집은 속에 뭔가 들어있는 것처럼 맑지 않은 색을 띠었다. 이 소식을 듣고 마을 촌장이 달려왔다. 벌겋게 달아오른 아이의 얼굴을 본 촌장이 깜짝 놀라 소리쳤다.

"건드리지 말고 모두들 피해! 잘못 건드리면 우리 모두 죽을지 몰라."
그것은 두창^{천연두}이었다.

과거에 가장 큰 공포의 대상은 전염병이었다. 전염병이란 병을 일으킬 능력이 있는 미생물 병원체가 인체에 침투하여 발생하는 병이다. 대표적인 전염병으로는 두창, 매독, 한센병이 있었는데, 이것들은 하나같이 겉보기에 혐오감을 불러일으키는 병변 때문에 더욱 공포심을 불러일으켰다. 전염병을 일으키는 병원체는 환자의 몸에서 분비된 침이나 배설물, 환자가 사용한 물건이나 음식, 물을 통해 다른 사람에게 병을 옮긴다.

병에 걸리는 것만으로도 무서운데, 사람에서 사람으로 전파된다는 사실은 치료법이 개발되지 않았던 옛날에 그야말로 공포가 아닐 수 없었다. 피하는 것 외에는 방법이 없었지만 병에 걸린 가족을 모른 체하는 것도 쉬운 일이 아니었을 것이다. 또 피한다 해도 이미 감염되어 잠복기에 들어간 경우에는 얼마 지나지 않아 병으로 발전하니, 대책 없이 하늘의 심판을 받아들일 수밖에 없었다.

사실 전염병의 원인이 되는 미생물은 인류가 이 세상에 태어나기 훨씬 전부터 존재했다. 인류 이전의 동물들에게도 병을 일으키곤 했으니 인류 역시 처음부터 전염병에 노출될 위험을 안고 있었다. 엄마 뱃속에서 밖으로 나온 지 며칠 되지 않은 신생아의 피부에도 세균이 존재한다. 물론 엄마의 뱃속에도 세균이 있다. 미생물은 사람이 태어나기 전부터 이미 공생 관계를 맺고 있었다. 그래서 새로운 미생물이 침입하는 경우는 물론이고, 정상적으로 존재하는 세균도 사람의 면역 기능이 떨어지면 감염 증상을 일으키는 것이다.

인류가 전염병의 위험에 언제나 노출되어 있었다는 사실은 고대 유골이나 미라, 심지어 예술 조각품에서도 그 흔적을 찾을 수 있다. 뼈에 결핵의 흔적이 남아있는 유골이 있는가 하면, 조각품 중에 소아마비^{정확한 명칭}은 회백질척수염에 걸린 사람의 모습도 있다.

전염병은 인류의 역사와 함께 계속해서 변화하고 발전한다. 메르스^{중동호흡기증후군}, 에볼라 바이러스 감염에 의한 출혈열이나 조류독감, 사스^{급성중}

증후흡기증후군 등에서 볼 수 있듯이 새로운 전염병이 나타나기도 하고, 처음에는 치명적이었던 전염병이 세월이 지날수록 덜 치명적인 형태로 변화하기도 한다. 이것은 전염병을 일으키는 병원체가 끊임없이 주변 환경과 영향을 주고받으면서 진화 과정을 거쳐 자신의 형질을 변화시키는 것이다.

대책도 없이 오랜 기간 동안 전염병과 부딪혀야 했던 인류에게 전염병은 다양한 영향을 끼쳤다. 예를 들어, 유럽인들이 아메리카 대륙의 인디언들을 몰아내고 새로운 주인으로 자리 잡는 과정에서 승리할 수 있었던 요인은 전염병이었다.

인류가 전염병에 대해 조금이라도 대처할 수 있는 능력을 갖추기 시작한 것은 1796년에 제너가 종두법을 발견하면서부터다. 제너의 종두법에서 힌트를 얻은 파스퇴르는 탄저와 광견병 백신을 개발함으로써 백신을 이용한 전염병 예방이 일반화할 수 있음을 알려주었다. 비슷한 시기에 코흐는 눈에 보이지 않는 작은 미생물이 인체에 침투한 것이 전염병의 원인임을 밝혀냈다. 이들의 업적으로 19세기가 끝나갈 무렵에는 전염병을 예방하고 그 전염병의 원인이 되는 병원체를 찾는 연구가 유행했다.

전염병에 대한 지식이 나날이 발전했지만 1910년이 되기까지 전염병을 해결할 수 있는 약은 전혀 개발되지 않았다. 1910년이 되어서야 첫 번째 전염병 치료약이 개발되었다. 특정 질병의 원인을 찾아내면 그 원인을 해결할 수 있는 약을 찾아낼 수 있다는 생각은 20세기에 들어서고 나서야 가능한 일이었다. 20세기 초·중반에 걸쳐 다양한 질병을 해결할 수 있는 다양한 약이 개발되었고, 비로소 인류를 괴롭혀온 수많은 전염병을 해결할 수 있는 길이 열렸다.

　오늘날에는 외출했다가 돌아온 뒤 손을 잘 씻는 것만으로도 전염병 발생 가능성을 크게 낮출 수 있다는 사실을 알고 있다. 마스크와 일회용 주사기를 사용하고 음식은 조리해서 먹고 모기 서식지를 없애는 등 생활 환경을 개선하고 평소에 건강을 유지해서 면역 기능을 강화하면 전염병을 어느 정도 예방할 수 있다는 것은 상식이 되었다. 하지만 공장화한 가축 사육, 동물들의 서식지를 침범하는 개발, 교통 발달에 따른 사람들의 활동 범위 증가 등은 새로운 전염병 출현 가능성을 증가시킨다. 이렇게 신종 전염병 출현 빈도가 증가하는 것은 사실이지만 이미 풍부한 의학 지식을 지닌 인류는 범세계적인 대응을 통해 최대한 빨리 해결책을 찾아서 피해를 최소화할 수 있게 되었다.

과거에는 공포의 대상이었던 전염병이 이제는 더 이상 인류를 위협할 만큼 큰 위력을 보여주지 못하고 있다. 그러나 전염병은 결코 사라진 것이 아니다. 최근 매스컴에서 주목하는 몇몇 전염병의 예에서 볼 수 있듯이 언제라도 인류를 위협할 가능성은 있다. 이럴 때 중요한 것은 필요 이상의 공포심이나 자신감이 아니라 현재의 위치를 제대로 파악하고 대처 방법을 확실히 이해하는 것이다.

　인류는 결코 병원성 미생물을 피할 수 없다. 오히려 지구상에서 공생해야 하는 운명에 처해 있다. 전염병을 일으키는 미생물을 퇴치하는 것이 아니라 함께 살아갈 방법을 찾는 것이 21세기를 살아가는 인류에게 필요한 태도다.

전염병과
인간

감기와 독감에 대한 몇 가지 오해

2013년에 제작된 〈감기〉라는 영화가 있다. 영화가 시작되면 한글 제목 '감기' 옆에 'The Flu'라는 영어 제목이 붙는다. 그러고 보니 예전에 "나는 감기에 걸렸다."를 영어로 옮기면 "I have a cold."이고 이때 'cold' 대신 'flu'를 써도 된다고 배웠던 기억이 난다.

그런데 'flu'는 'influenza'를 짧게 줄여 쓴 것이다. 'influenza'는 '독감'을 가리킨다. 우리나라에서 감기와 독감을 혼동해서 쓰는 것처럼, 영미권에서도 독감flu과 감기cold를 혼동하던 시절이 있었던 것이다. 여기서 분명히 해두자면 영어로 감기는 'cold', 독감은 'flu'라 해야 맞다. 〈감기〉에서 소재로 삼은 질병은, 영화에서 의료진들이 이야기한 바와 같이 독감의 하나인 조류독감의 변종이다. 따라서 그 영화의 제목은 〈독감 The Flu〉이라고 해야 옳다.

감기는 흔히 추울 때 잘 걸린다고 알려져 있다. 그런데 사실 감기는 겨울보다 온도차가 큰 환절기에 더 잘 발생한다. 물론 온도차는 감기에 걸리기 쉬운 조건일 뿐, 감기의 원인은 바이러스다. 아데노 바이러스Adenovirus, 리노 바이러스Rhinovirus 등 수십 종류의 바이러스가 감기를 일으킬 수 있는데, 공통적인 특징이라면 각각의 바이러스가 심각한 질병을 일으키지 않는다는 것이다.

감기를 일으키는 바이러스의 종류가 많다 보니 감기 예방 백신을 개발하는 일은 불가능에 가깝다. 예방용 백신은 미생물의 종류에 따라 다른 방법으로 만들어지기 때문이다. 독감은 종류에 따라 예방 백신이 개발된 것도 있지만 감기는 예방 백신을 개발하려는 노력조차 하지 않는다. 감기를 일으키는 바이러스의 종류가 워낙 다양하다 보니 각각의 종류에 대해 면역 기능이 있는 예방 백신을 모두 제조하여 투여하는 것이 불가능하기 때문이다. 더욱이 심각하지도 않은 병에 대해 예방접종을 하는 것보다 평소 건강을 유지하여 감기에 걸리지 않도록 하는 것이 바람직하다. 또 감기에 걸려도 큰 어려움 없이 곧 회복될 수 있다는 것이 예방 백신을 개발하지 않는 이유다.

독감은 여러 가지 면에서 감기와 차이가 있다. 감기는 증상으로 판단하는 질병이다. 따라서 감기 증상을 일으키는 수많은 바이러스를 감기의 원인이라고 본다. 이와 달리 독감은 오로지 인플루엔자 바이러스^{이하 독감 바이러스}에 의해 발생하는 질병이다. 말하자면 독감 바이러스에 감염되면 독감이지만, 독감 바이러스에 감염되지 않으면 독감이 아니다.

감기는 상대적으로 증상이 약하므로 증상을 완화하는 약을 복용하면서 면역력이 바이러스를 물리치기를 기다리면 보통 1주일 정도 지나낫게 된다. 독감은 독감 바이러스의 종류에 따라 타미플루^{Tamiflu}나 릴렌자^{Relenza}와 같은 치료약이 있다. 감기 증상은 콧물, 기침, 두통, 열이 나고 추위^{오한}를 느끼며, 편도선이 부어서 침이나 음식을 삼킬 때 목이 아프고, 근육에 통증이 있어서 온몸이 아픈 느낌이다. 독감은 주로 근육통이 극심해서 온몸이 쑤시거나 아프고 자리에서 일어나기가 귀찮아진다.

신종플루, 조류독감, 돼지독감 등 여러 가지 이름으로 불리는 독감은 독감 바이러스에 의해 발생하는 질병이다. 독감 바이러스는 A, B, C형이 있으나 사람에게 문제가 되는 것은 주로 A형이다. A형 독감은 모두

144가지 종류가 있다.

여름이 막바지에 이를 때 독감 예방접종을 하라는 이야기를 많이 듣는다. 이것은 의학자들이 그해 겨울에 유행할 것으로 예상되는 독감의 종류를 예측하여 제조한 예방 백신을 접종받으라는 뜻이다. 그런데 학자들의 예상이 항상 맞는 것은 아니어서, 예방접종을 받은 독감 바이러스와 다른 종류의 바이러스가 유행하는 경우에는 독감에 걸릴 수 있다. 2009년에 신종플루가 갑자기 유행한 것에서 볼 수 있듯이, 어떤 독감이 유행할지 예측해도 맞지 않는 경우가 있다. 이것이 독감 예방의 어려움이다.

사람과 동물 공통의 적, 전염병

질병 발생의 3요소는 병인질병 발생 원인에 노출된 후 그 원인에 의해 질병으로 발전해가는 과정 · 환경 · 숙주다. 모든 질병은 이 세 가지 요소가 갖추어져야 발생한다. 그런데 이를 세분화하여 여섯 가지 요소가 갖추어지면 전염병이 발생한다. 의학에서 '전염'이란 병이 사람이나 동물로부터 사람에게 옮겨가는 현상을 말하고, 전염에 의해 발생하는 질병을 '전염병'이라 한다. 이때 숙주는 사람이나 동물이 될 수 있으며, 숙주 속에서 질병을 일으킨 병원체가 어떤 경로든 다음 숙주로 전파되는 것이 전염되는 과정이고, 이로 인해 새로 침입한 숙주에게 병을 일으키면 전염병이 된다.

광견병을 일으키는 바이러스는 개는 물론 사람에게도 감염이 가능

1. 병원체 미생물, 기생충

↓

2. 병원소 사람, 동물, 식물, 토양 등 병원체가 사는 곳

↓

3. 병원소로부터 탈출 기침, 배설물, 침 등

↓

4. 전파

↓

5. 새로운 숙주로의 침입

↓

6. 숙주의 감수성 숙주가 침입한 병원체에 반응하는 성질

전염병 발생 6요소

하다. 결핵은 사람과 함께 소에 감염될 수 있다. 탄저는 사람 이외에 소, 양과 같은 가축에게서 발생할 수 있다. 이처럼 동물과 사람에게 동시에 전파될 수 있는 전염병을 인수공통전염병이라 한다.

전염병을 일으키는 미생물은 한 가지 종에서 먼저 병을 일으킬 수 있는 능력을 획득한 후 세월이 지나면서 다른 종으로 전파되거나 변종이 나타나서 병을 일으키도록 진화한다. 최근에 새로 등장하는 전염병은 대부분 사람이 아닌 동물을 숙주로 번식하던 미생물이 어떤 기회를 통해 사람에게 전파된 경우다.

이와 다르게 B형간염 바이러스는 사람에게만 질병을 일으킬 뿐 다른 동물에 감염되는 경우에는 질병을 일으키지 못한다. 구제역은 돼지에게는 치명적이지만 사람에게는 병을 일으키지 못한다. 이런 현상이 생기는 이유는 종에 따라 면역 체계가 다르기 때문인데, 이를 종간 장벽이라 한다.

농경문화 이전에는 사람이 동물과 어울려 살 기회가 거의 없었고 가축도 존재하지 않았다. 사람과 동물이 서로 떨어져 살았기 때문에 질병을 일으키는 미생물도 숙주에 따라 서로 다르게 진화한 것이다. 그러나 농사를 짓기 시작하면서 사람들이 집단생활을 하게 되었다. 가축도 사람과 함께 모여 살게 되면서 미생물의 전파가 용이해졌다. 호시탐탐 종간 장벽을 넘어설 기회를 노리던 미생물에게 변이가 일어나기 시작했다. 미생물이 종간 장벽을 넘어서면서 인수공통전염병이 발생하게 된 것이다.

세균과 바이러스 발견의 역사

네덜란드의 렌즈 가공업자였던 안톤 판 레이우엔훅Anton van Leeuwenhoek 1632~1723은 취미 삼아 렌즈를 이용하여 여러 가지 기구를 만들었다. 그러던 중에 오늘날의 현미경처럼 물체를 확대해 볼 수 있는 기구를 완성한다. 그는 이 기구를 이용하여 빗물, 침, 흙 등을 닥치는 대로 관찰하다가, 1673년에 최초로 미생물을 관찰하는 데 성공했다. 눈에 보이지 않을 만큼 작은 생물이라 해서 '미생물'이라는 이름이 붙은 생명체를 처음으로 관찰한 것이다. 그는 자신이 관찰한 것을 그림으로 남겨 놓았으며, 이를

오늘날의 현미경과 유사한 기구를 만든 레이우엔훅은
자신이 관찰한 것을 정밀한 스케치로 남겨 의학 발전에 커다란 공헌을 했다.

세균학의 아버지 코흐는 탄저, 결핵, 콜레라의 원인이 되는 세균을 발견하면서
인류를 괴롭혀온 각종 전염병의 원인을 알아냈다.

영국 왕립협회에 보낸 것은 1676년의 일이었다.

이보다 앞서 네덜란드의 자카리아스 얀센Zaccharias Janssen 1580~1638, 이탈리아의 마르첼로 말피기Marcello Malpighi 1628~1694, 영국의 로버트 훅Robert Hooke 1635~1703 등이 나름대로 물체를 확대해 볼 수 있는 현미경을 제작하기는 했다. 하지만 오늘날의 복합현미경과 비슷한 방법으로 가장 성능이 좋은 기구를 만든 사람은 레이우엔훅이다. 그가 남긴 관찰 노트는 지금 보기에도 무엇인지 판별이 가능할 정도로 스케치가 잘 되어있다. 레이우엔훅은 자신이 관찰한 물질이 무엇인지 모른 채 그림으로 남겨 놓았지만 그로부터 약 한 세기 반이 흐른 후 독일에서는 현미경을 활용하여 의학의 역사를 송두리째 바꿀 만큼 중요한 사건이 연이어 일어났다.

1838년에 마티아스 슐라이덴Matthias Schleiden 1804~1881이 식물이 세포로 되어있음을 발견하고, 이듬해에 테오도어 슈반Theodor Schwann 1810~1882이 동물도 세포로 되어있다는 것을 알아냈다. 루돌프 피르호Rudolf Virchow 1821~1902는 사람도 세포로 구성되어 있다는 것을 밝혀냈다. 그는 질병이란 세포의 이상에 의해 발생하므로 세포를 관찰하면 무슨 병이 생긴 것인지 알 수 있다고 주장하면서, 방대한 연구 자료를 모아 1858년에 《세포병리학》을 발표했다. 이때부터 병리학이 의학의 한 분야로 자리 잡게 되었다.

1870년대가 되자 시골 의사로서 조용한 인생을 살아가던 로베르트 코흐Robert Koch 1843~1910는 아내가 선물한 현미경을 이용하여 오랜 시간 끊임없이 인류를 괴롭혀온 각종 전염병의 원인을 알아냈다. 그것은 눈에 보이지 않고 현미경으로만 관찰이 가능한 세균이었다. 그는 1876년, 1882년, 1883년에 각각 탄저, 결핵, 콜레라의 원인이 되는 세균을 발견했다.

연도	발견자	발견균	질병
1873	한센	Mycobacterium lepra	한센병
1876	코흐	Bacillus anthracis	탄저병
1881	파스퇴르, 스턴버그	Streptococcus pneumoniae	폐렴
1882	코흐	Mycobacterium tuberculosis	결핵
1883	코흐	Vibrio cholerae	콜레라
1885	나이서	Neisseria gonococcus	임질
1888	뢰플러	Corynebacterium diphtheriae	디프테리아
1890	화이퍼	Hemophilus influenza	수막염, 후두개염 등
1905	샤우딘, 호프만	Treponema pallidum	매독
1906	보르데, 장구	Bordetella pertussis	백일해
1911	매코이, 샤팽	Francisella tularensis	야토병
1915	이나다	Leptospira	렙토스피라병
1976	브레너	Legionella	재향군인병(폐렴)
1983	마셜, 워런	Helicobacter pylori	만성위염

병원균 발견의 역사

그뿐 아니라 특정 세균이 특정 전염병의 원인이 된다는 사실을 증명하기 위해서는 어떤 실험 과정을 거쳐야 하는지 보여주는 '4원칙'을 정립한다. 이것으로 세균을 과학적으로 연구할 수 있는 기틀이 마련된 것이다.

그에 앞서 노르웨이의 게르하르트 한센Gerhard Hansen 1841~1912이 한센병의 원인이 되는 세균을 발견하기는 했으나 이는 과학적으로 증명했다기보다 단순히 세균을 관찰했을 뿐이었다. 그 세균이 한센병의 원인균임을 증명한 것은 코흐의 발표 이후 다른 과학자에 의해서였다. '세균학의 아버지' 코흐는 세균학 발전에 큰 공헌을 했고, 결핵균을 발견한 공로를 인정받아 1905년에 노벨 생리의학상을 수상했다.

코흐가 맹활약하던 1880년대는 영국의 에드워드 제너Edward Jenner 1749~1823가 종두법으로 두창천연두*을 예방할 수 있음을 밝혀냈고, 여기에서 힌트를 얻은 프랑스의 루이 파스퇴르Louis Pasteur 1822~1895가 닭콜레라, 탄저, 광견병에 대한 백신을 개발한 시기였다. 코흐의 뒤를 이어 여러 학자들이 전염병의 원인이 되는 세균을 발견함으로써 세균학이 본격적으로 발전하게 되었다.

세균 연구가 한창이던 19세기 말, 세균이 포함된 용액을 여과기에 부으면 세균은 여과지의 미세한 구멍을 통과하지 못한다는 사실이 알려졌다. 프랑스의 샤를 샹베를랑Charles Chamberland 1851~1908은 1884년에 세균보다 작은 구멍의 여과기를 개발했다. 이 여과기의 미세한 구멍은 일반적인

---

* 이 병은 예로부터 두창 또는 마마로 불려왔으며 오늘날 정식 명칭은 두창이다. 흔히 알려진 천연두라는 명칭은 일본식 표기로, 일제시대에 전파된 것이다.

세균 크기1µ보다 작은 0.1~0.4µ 1µ은 10^{-6}m였으므로, 이것을 이용하여 세균을 걸러낼 수 있게 되었다. 1892년 러시아의 드미트리 이바노프스키Dmitry Ivanovsky 1864~1920는 샹베를랑의 여과기를 이용하여 담배모자이크병에 걸린 담뱃잎의 즙을 여과한 결과 걸러낸 용액도 질병을 일으킨다는 사실을 발견했다. 따라서 담배모자이크병은 세균이 아니라 훨씬 더 작은 병원체에 의해 감염되는 질병이라는 사실이 밝혀진 것이다. 이것이 식물에서 처음으로 발견된 바이러스성 질병이다.

독일의 프리드리히 뢰플러Friedrich Löffler 1852~1915는 1898년에 돼지에게 발생하는 구제역이 여과기를 통과하는 미지의 생명체에 의해 발생한다는 사실을 발견했다. 같은 해에 독일의 마르티누스 베이예링크Martinus Beijerinck 1851~1931는 여과기를 통과하는 생명체가 자체로는 생존 능력이 없고 반드시 기생을 해야만 생존 가능하다는 사실을 알아냈다.

1902년에는 미국의 월터 리드Walter Reed 1851~1902가 황열Yellow fever이 바이러스성 질병임을 증명하면서 사람에게 질병을 일으키는 바이러스를 처음으로 발견했다. 1907년에는 폴란드의 스타니슬라우스 폰 프로바제크Stanislaus von Prowazek 1875~1915가 곤충에서 처음으로 바이러스를 분리하였다. 1910년대에는 세균에 기생하는 바이러스가 발견되었으며, 1915년 영국의 프레더릭 트워트Frederick Twort 1877~1950는 이 바이러스가 세균에 침입하여 기생하는 과정을 규명했다. 이 바이러스는 "세균을 먹고 산다."는 뜻인 박테리오파지로 불리게 되었다.

비록 인정을 받지는 못했지만, 이 시기에 바이러스가 종양을 일으킨다는 사실이 보고되기도 했다. 1910년에 프랜시스 라우스Francis Rous

1879~1970는 닭다리에 발생한 육종 조직을 분리하고 이를 갈아서 여과기에 통과시켜 얻은 세포여과액을 건강한 닭에 접종하면 같은 육종을 발생시킬 수 있음을 발견하였다. 그는 바이러스가 종양을 일으킨다고 주장하였다. 이 내용은 너무나도 시대를 앞서간 까닭에 그 시대에는 주목을 받지 못했다. 하지만 그로부터 약 반세기가 지나는 동안 바이러스학이 발전하면서 그의 주장은 다시 주목받게 되었고, 1966년에는 노벨 생리의학상을 수상하였음은 물론 암 연구에 획기적인 업적을 이루게 되었다.

미생물의 생존 전략, 번식

약 46억 년 전 지구가 탄생했고, 그로부터 약 10억 년 후에 최초의 단세포생물이 등장했다. 이 단세포생물로부터 점점 더 복잡한 형태의 생물이 태어나기 시작했다. 현재 지구상에서 가장 고등 생물이라 할 수 있는 인류는 맨 나중에 태어난 포유동물에 속한다. 진화 과정에서 이 세상에 나타났다 사라진 생명체는 현존하는 생명체보다 훨씬 많고, 새로 생겨난 생명체가 그 이전에 존재하던 것보다 덜 발전된 경우도 얼마든지 있다. 말하자면 진화는 진보가 아니라 자연선택에 의해 생존에 적합한 개체가 살아남은 결과의 산물인 것이다.

사람이 생겨나기 전부터 미생물과 어울려 살던 동물들은 미생물이 침입하면 병이 생기기도 했지만, 병이 생기지 않고 공생 관계를 유지하는 경우도 있었다. 물론 미생물의 입장에서는 병을 일으키는 것보다 공생을 하는 것이 생존에 유리하다. 새로운 숙주를 찾아 헤매지 않아도 되기 때문이다.

생물체는 생존하지 않으면 존재 가치가 없다. 생물체는 어떤 식으로든 세상에 살아남을 방법을 찾아야 했고 이들이 찾아낸 방법은 번식이었다. 사람처럼 고등한 동물이야 남녀가 구별되어서 유성생식에 의해 자손을 낳지만, 미생물은 암수 구별이 없으므로 유성생식을 못 하는 것으로 알려져 있었다. 미생물은 분열에 의해 번식하는 것으로 생각되었다.

갓 태어난 아기가 어른으로 자라기 위해서는 신체를 이루는 세포가 계속 분열하면서 그 수가 늘어난다. 단세포생물은 세포가 분열하면 개체 수가 늘어나면서 새로운 단세포생물이 탄생한다. 이때 세포가 분열하기 위해서는 세포분열에 필요한 DNA와 단백질이 충분히 합성되어야 하고 분열 전과 후에 세포가 가진 DNA 총량이 같아야 한다. 즉 세포가 가진 DNA가 두 배로 복제된 후 세포가 분열하면서 하나씩 나누어 가지는 것이 세포분열이다.

이외에 출아에 의한 번식도 있다. 효모의 번식에서 흔히 볼 수 있는 출아는 세포 표면에 작은 돌기가 생겨나고 이것이 점점 커지다가 이 부분으로 유전물질DNA이 옮겨 가면 원래의 세포와 경계가 생겨나면서 떨어져 나가는 현상이다. 분열이 세포 내에서 공평하게 둘로 나눌 준비를 한 후 중앙을 중심으로 갈라지는 현상이라면, 출아는 전체는 그대로 두고 한쪽 귀퉁이에 돌기를 형성한 후 그 돌기가 전체만큼 자란 후에 갈라지는 것이다.

분열과 출아는 암수 구별이 없는 미생물이 선택한 번식 방법으로 무성생식에 해당한다. 그런데 암수 구별이 없는 미생물이 유성생식을 한다는 것이 밝혀졌다. 이를 접합^{conjugation}이라고 하는데, 이것 또한 번식의 한 방법이다.

전염병도 진화한다

전염병의 실체를 알지 못했던 과거에는 전염병이 유행하면 피하는 것 외에는 방법이 없었다. 에드워드 제너에 의해 최초로 예방 백신이 발견된 것은 1796년의 일이었고, 로베르트 코흐에 의해 세균이 전염병의 원인임을 증명하기 위한 4원칙이 발표된 것은 1880년대의 일이었다. 20세기가 시작될 때만 해도 질병의 원인과 예방에 대해서는 조금 알고 있을 뿐 의학은 미지의 영역이었다.

역사적으로 크게 유행한 전염병 중에는 오늘날 그 병이 무엇인지조차 알아내기 어려운 것들이 많다. 그것은 당시 의학 지식이 크게 부족했던 까닭에 기록이 충분치 않은 데다 겉으로 드러난 현상만을 열거하는 식으로 기록된 경우가 많기 때문이다. 현대 전염병의 양상이 과거와 달라진 것 또한 추적이 어려운 이유다.

진화에서 가장 중요한 것은 자연선택이다. 사람을 포함한 모든 생물은 자신의 의지와 관계없이 주변 환경과 영향을 주고받으며 자신의 몸을 보호하기 위한 면역과 내성을 지니게 된다. 사람에게 병을 일으키는 미생물의 입장에서는 숙주가 오래 생존하는 것이 종족 번식에 유리하므로 이왕이면 숙주에게 치명적인 결과를 일으키기보다는 공존하는 방법을 찾게 되는데, 이것이 질병 양상이 변화하는 이유다.

1918년에 처음 발생해 2년 동안 2,000만~2억 명의 목숨을 앗아간 것으로 추정되는 스페인독감이 2009년에 신종플루라는 이름으로 다시 찾아왔을 때 전 세계에 비상이 걸렸다. 그러나 신종플루는 그리 큰 문제를 일으키지 않고 잠잠해졌다. 이는 과거보다 발전한 의학 지식에 따라 감염경로를 파악하여 환자가 발생하지 않도록 예방하는 일에 최선을 다했고 타미플루, 릴렌자와 같은 약이 개발되어 치료가 가능해졌기 때문이다. 이와 함께 이미 한 번 경험한 스페인독감에 대해 인류는 면역력을 가지고 있었다. 독감 바이러스의 입장에서는 숙주인 사람이 죽는 것이 자신의 생존에 전혀 도움이 되지 않으므로 과거보다 사람에게 덜 치명적인 형질로 진화했을 것이라는 설명도 가능하다.

1976년에 처음 발견되어 지금까지 수시로 한 번씩 유행하고 있는 에볼라 바이러스 감염증, 2003년에 한차례 유행한 급성중증호흡기증후군사스 등 수많은 전염병이 발생 초기에는 사람에게 치명적이었지만 차차 그 위력이 약해졌다. 이 역시 전염병을 일으키는 미생물 병원체가 자신의 생존에 유리한 방향으로 진화한 결과라고 설명할 수 있다.

전염병의 진화를 보여주는 대표적인 사례로 치료약에 대해 내성이 생긴 미생물의 출현을 들 수 있다. 2000년에 우리나라 정부가 의약분업 제도를 도입할 때 내세운 첫째 이유는 '약물 남용 방지'였다. "이번 감기는 독하니 항생제를 복용해야 한다."는 이야기를 주변에서 흔히 들을 수 있는데 감기는 바이러스에 의해 발생하는 전염병이므로 세균을 죽이는

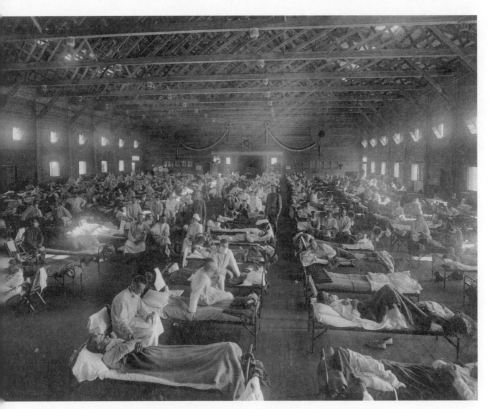

1918년 스페인독감 유행 당시 병원 응급실의 모습.

항생제를 투여해봐야 문제 해결에 아무 도움이 되지 않는다. 단지 감기로 인한 합병증으로 폐렴이 발생하는 경우가 많은데 이를 예방하는 데 약간의 도움이 될 것이라는 기대를 할 수 있을 뿐이다. 그런데 밑져야 본전이라는 생각으로 항생제를 남용하는 경우 문제가 생긴다. 항생제로 인해 세균이 모두 죽어주면 좋겠지만 세균도 엄연한 생명체이고, 이 세상에서 살아남기 위해 수시로 변종을 만들어낸다. 항생제에 의해 몰살되기 전에 살아남을 수 있는 새로운 형질로 전환하는 것이다. 이것이 항생제 내성균이 출현하는 원리다.

이에 따라 거의 해결된 질병으로 생각되던 결핵 환자가 늘어나고 있으며, 간단히 치료되던 포도알균이 어느 날 갑자기 기존의 항생제로 치료할 수 없는 세균으로 변해버렸다. 특정 항생제에 내성을 가진 변종이 생겨나면 적자생존의 원칙에 따라 변이된 세균들이 늘어난다. 미생물은 인체에 덜 치명적인 형태로 특성을 바꾸어 생존을 쉽게 하는 식으로 진화하기도 하지만 인간이 만들어낸 약제에 대해 내성을 가지는 방향으로도 진화한다. 오직 지구상에 살아남기 위해.

초파리에서 미생물로
유전학의 관심을 옮기다

노벨 생리의학상 수상자 중 가장 어린 나이에 이룬 연구 업적으로
노벨상을 수상한 사람은 미국의 유전학자 조슈아 레더버그^{Joshua}
^{Lederberg 1925~2008}다. 연구 업적을 완성한 후 12년이 지나서야 노벨상을
수상한 까닭에 인슐린을 발견한 캐나다의 프레더릭 밴팅^{Fredrick Banting}
^{1891~1941, 1923년 노벨 생리의학상 수상}에게 근소한 차이로 최연소 수상자의 영예를
넘겨주고 말았지만, 불과 21세에 달성한 레더버그의 연구는 '최연소
연구 업적'이라는 기록을 남겼다. 25세에 노벨 물리학상을 수상하여
모든 노벨상 수상자를 통틀어 최연소 수상을 기록한 윌리엄 로런스
브래그^{William Lawrence Bragg 1890~1971, 1915년 노벨 물리학상 수상}가 연구를 시작한
나이가 22세였으니, 레더버그가 얼마나 빠른 나이에 연구 업적을

실험실에서 연구에 몰두하고 있는 조슈아 레더버그.

이루었는지 알 수 있다.

1925년 5월 23일, 미국 뉴저지에서 유태인 목사의 아들로 태어난 레더버그는 1941년에 컬럼비아대학교에 입학하여 동물학을 공부했다. 2학년 때부터 프랜시스 라이언 교수의 연구실에서 생활하면서 인체에 대해 관심을 가지기 시작한 그는 1944년에 대학을 졸업한 후 의학 공부를 시작했다.

2년 후, 방학을 이용하여 예일대학교 에드워드 테이텀Edward Tatum 1909~1975 교수의 연구실에 합류한 그는 세균이 접합* 현상에 의해 유전자를 교환하는 유성생식을 한다는 사실을 발견했다. 이 연구 결과는 당시 미생물은 무성생식만 한다는 생각을 완전히 무너뜨리는 것이었다. 이 연구에 흥미를 느낀 레더버그는 방학이 끝난 뒤에도 의과대학으로 복귀하지 않고 유전학 연구에 전념하기 위해 예일대학교 미생물학 박사과정으로 진로를 바꾸었다.

세균을 이용한 유전학 연구에 전념한 그는 1953년 "박테리오파지세균에 기생하는 바이러스가 세균 내에 DNA가 도입되는 과정을 매개한다."는 사실을 규명했다. 1955년에는 살모넬라균에 외부로부터 유전자가 침입하면 살모넬라균의 형질이 변한다는 것을 발견하여 "세균 속에 침입한 유전자가 고유의 유전정보를 발현시키면 세균의 형질이 변화한다."는 사실을 알아냈다. 이후 세균이 유전학의 대표적인 연구 재료로 사용될 수 있도록 하여 '미생물에 의한 유전학 연구의

---

* 살아있는 두 세포가 접촉을 통해 유전정보가 전달되는 현상이다. 두 원핵세포가 접합을 하는 경우 하나가 다른 하나로 팔을 내밀듯 세포막이 변하고, 이를 통해 유전정보를 전달하므로 두 세포 중 하나는 남성 역할, 다른 하나는 여성 역할을 하는 것으로 간주하여 유성생식이라 한다.

선구자'라는 평가를 받게 되었다. 그의 연구 결과는 오늘날 분자유전학을 생명과학의 핵심 분야로 자리 잡게 했다.

불과 21세에 이룩한 그의 업적인 "미생물에 의한 유전자 재결합 및 유전물질 조직화 과정의 발견"은 1958년, 그에게 노벨 생리의학상을 안겨주었다. 같은 해에 그의 지도교수 테이텀도 "생체 내 화학적 현상을 조절하는 유전자를 발견"한 공로로 공동수상자로 선정됨으로써 스승과 제자가 함께 노벨상을 수상하는 영광을 누렸다.

레더버그는 세균에서 유전자 재조합 현상을 발견하여 유전물질의 전달 과정을 명확히 함으로써 생명 현상을 이해하는 데 크게 기여하였다. 이것은 세균을 유전학의 실험 재료로 선택한 그의 착상 덕분이었다. 이후 유전학 연구에 초파리 대신 미생물을 많이 이용하게 되었고, 그것이 유전학 발전에 촉매제 역할을 하였다. 레더버그는 유전학의 관심을 초파리에서 미생물로 전환시킨 인물로 추앙받게 되었다.

전염병의
시대

고대 로마를 멸망시킨 두창과 말라리아

역사적으로 고대 서양에서 로마는 그리스와 더불어 가장 융성한 나라였다. 기원전 4~6세기는 수많은 학자들을 배출한 고대 그리스의 황금기였으나, 기원전 146년 코린토스 전투에서 로마가 승리를 거두면서 로마가 유럽의 유일한 문명국가로 자리 잡게 되었다. 기원전 8세기경 이탈리아 중부에서 시작된 작은 마을*이 경쟁자인 그리스를 물리치고 유럽의 중심이 된 것이다.

기원전 8세기에 나라가 성립된 후 기원전 508년, 귀족과 평민 계급이 왕정을 무너뜨리고 공화정 시대를 열었다. 기원전 272년경 로마는 오늘날 이탈리아 전역을 아우르는 동맹 체제를 이루었고, 기원전 146년에는 그리스 함락과 함께 한 세기 이상 지속된 세 차례의 포에니 전쟁을 승리로 마무리하면서 지중해를 중심으로 대제국을 건설하기 시작했다.

로마제국은 약 200년간 팍스 로마나라 불리며 지중해 주변 전역을 통치하는 전성기를 누렸다. 4세기에 콘스탄티누스Constantinus 황제가 기독교를 공인하고, 수도를 콘스탄티노플오늘의 이스탄불로 옮기면서 로마는 동로마와 서로마로 나뉘어졌다. 서로마는 마지막 황제인 로물루스 아우구스투스Romulus Augustus가 게르만족 대장 오도아케르Odoacer에 의해 강제로 퇴위당하면서 476년에 멸망한다. 이것이 세계사에서 고대가 끝나고 중세가

---

* 전설에 따르면 늑대의 젖을 먹고 자란 로물루스와 레무스가 기원전 753년에 로마를 세웠다고 하지만 이것은 기원전 1세기에 활약한 로마의 역사가 마르쿠스 바로가 설정한 것으로 역사적 근거는 없다.

시작되는 계기가 되었다.

그런데 의학의 역사에서는 고대의 멸망이라는 역사적 대사건을 다른 관점에서 바라보기도 한다. 계속해서 영토를 넓혀가며 전성기를 구가하던 로마제국에 말라리아가 유행하면서 국력이 약해진 것이 결과적으로 제국을 멸망에 이르게 한 이유라는 것이다.

루키우스 베루스Lucius Verus 황제와 마르쿠스 아우렐리우스Marcus Aurelius 황제가 함께 통치하던 165년, 시리아에 원정 중이던 로마군에 두창이 발생했다. 그런데 승리를 거둔 로마 군대가 해산하면서 고향으로 돌아간 군인들이 이 병을 퍼트리기 시작했다. 166년이 되자 로마 곳곳에서 환자들이 발생하기 시작했으며, 169년에 세상을 떠난 베루스는 물론 그의 사후 홀로 통치를 하다 180년에 세상을 떠난 아우렐리우스도 두창에 의해 세상을 떠난 것으로 추정된다. 아우렐리우스 통치기에 이미 공동 황제 역할을 하다 그의 뒤를 이어 황제에 오른 코모두스Commodus도 192년에 암살당한 것으로 알려져 있으나 한편에서는 두창에 의해 사망했다는 주장이 제기되기도 한다.

당시 두창은 로마는 물론, 로마제국 바깥에 살고 있던 게르만족에게도 전파되었다. 두창이 맹위를 떨치던 166년, 갈레노스Galenos .129?~199?는 고향인 소아시아로 가서 168년에 황제가 호출할 때까지 돌아오지 않았다. 몇몇 역사가들은 이것을 갈레노스가 전염병을 피해 도망갔다가 유행이 끝난 후에 돌아온 것이라 주장하기도 한다. 갈레노스는 이 병에 대해 열, 설사, 인두의 염증을 기록으로 남겼는데, 이것만으로는 정확한 병명을 추적할 수 없다. 두창 이외에 홍역이라고 추정할 수 있을 뿐이다.

유럽 의학에 절대적인 영향을 끼친 고대 로마의 의사이자 해부학자, 갈레노스.

두창은 세 황제의 목숨을 앗아갔지만, 그보다 더 로마에 위협이 된 것은 말라리아였다. 말라리아는 주기적으로 열이 오르내리는 것을 특징으로 하는, 모기가 전파하는 전염병이다. 로마의 영토가 넓어지면서 모기가 분포하는 지역도 넓어진 것이 말라리아가 수시로 창궐한 이유다.

말라리아는 본래 로마의 일부 지역에 국한된 풍토병이었으나 감염 시 사망에 이르게 하는 열대열말라리아가 만연한 상태는 아니었다. 그러나 국토를 넓혀가면서 점령국에서 노예들이 들어오기 시작하자 이들이 이탈리아 반도에 열대열말라리아를 전파하기 시작했다. 이것이 사망자를 양산하는 말라리아 대유행의 원인이 되었다. 말라리아는 모기의 증식만 막아도 어느 정도 예방할 수 있다. 그런데 팍스 로마나 시대가 끝난

이탈리아어로 '나쁜 공기'를 뜻하는 말라리아는 늪지대 주위에서 창궐했으므로
늪지대의 나쁜 공기에 의해 말라리아가 발생한다고 생각했다.

후 정치적인 혼란이 계속되면서 하천과 해안의 정비가 부실해졌고 늪지
대가 증가한 것이 말라리아 대유행에 한몫을 했다.

　　말라리아가 창궐하여 사람들을 사지에 몰아넣을 때 감염된 사람들
의 공통점은 늪지대를 방문했거나 가까운 곳에 살고 있다는 것이었다.
이탈리아어로 나쁜mal 공기aria를 의미하는 말라리아malaria는 늪지대의 나
쁜 공기에 의해 전파된다고 생각했기 때문에 붙은 이름이다. 로마 역사
가 마르쿠스 바로Marcus Varro는 "보이지 않지만 늪지대에 살고 있는 어떤 미
세한 물질이 입과 코를 통해 인체에 들어오면 질병을 일으킨다."며 집을
지을 때는 늪지대를 피해야 한다는 기록을 남기기도 했다.

　　주기적으로 발생하는 열은 군인들의 사기를 떨어뜨림으로써 전투력

을 현저히 약화시켰다. 농촌 지역에는 말라리아가 더 많이 유행했으므로 많은 농촌 인구가 도시로 유입되었다. 따라서 농업 생산성이 떨어졌으며, 준비가 덜 된 상태에서 발생한 도시화도 국력을 떨어뜨렸다. 이때 게르만족의 대이동이 일어났다. 태양이 빛나는 시실리 섬을 찾아온 서고트의 통치자 알라리크Alaric는 410년 로마를 점령했다. 그런데 그 역시 시실리 섬을 눈앞에 둔 코센차에서 말라리아에 감염되어 세상을 떠났다.다른 원인으로 사망했다는 주장도 있다. 그로부터 66년이 지난 476년, 서로마제국은 게르만족의 침입에 의해 멸망한다.

십자군 전쟁의 승패를 가른 전염병

서로마제국이 멸망한 476년부터 동로마제국이 멸망한 1453년까지, 이 기간을 중세 시대라 한다. 서로마제국은 게르만 민족의 대이동에 의해 멸망했고, 동로마제국은 이슬람 세력이 커지면서 멸망했다.

서로마제국 멸망 후 그 자리를 대신한 것은 게르만족이 세운 프랑크 왕국이었다. 따라서 지중해를 중심으로 유럽 남부와 아프리카 북부에 퍼져 있던 로마제국의 영향은 서로마제국 멸망 후 차차 북쪽으로 이동하면서 유럽이 세계사의 중심이 되고, 아프리카 북부는 서서히 변방으로 남게 되었다.

콘스탄티누스 황제의 기독교 공인 이후 세력을 키워간 기독교의 힘은 중세 내내 위력을 발휘했다. 고대 그리스와 로마에서 이룩한 학문적 업적이 오늘날 서남아시아 쪽으로 전파되어 발전하고 있는 사이에 유럽은 신학에만 집중했던 것이다. 따라서 학문적 발전이 이루어지지 않았고 대항하는 세력 없이 교회의 힘만 커지다 보니 부패가 발생했다. 그 결과 910년에 프랑스의 클루니 수도원을 중심으로 교회의 부패를 개혁해야 한다는 운동이 일어나기 시작했다.

1095년 클레르몽 종교회의에서는 십자군 원정을 결의했다. 세계사를 뒤바꾼 엄청난 사건인 이 원정을 살펴보면 당시 사람들이 얼마나 비이성적이었는지 알 수 있다. 약 200년간 아무 의미 없는 전쟁으로 수많은 사람이 목숨을 잃었다. 물론 전쟁이 아닌 질병으로 목숨을 잃는 일도 허다했다. 십자군 전쟁을 수행하기 위해 유럽인들은 세금 부담에 시달렸으며, 이로 인해 중세 유럽의 정치·사회·문화·종교 등 전반에 걸쳐 변화가 일어났다. 이것이 십자군 전쟁의 시작을 기준으로 중세를 전기와 후기로 구분하는 이유다.

유럽 여러 나라에서 예루살렘을 향해 가는 길은 멀고도 험했다. 각 나라를 출발한 십자군들은 예루살렘으로 가기 위해 지나가는 곳에서 문제를 일으켰다. 본국으로부터 군수 지원이 제대로 되지 않았으므로 군대가 지나가는 지역 사람들로부터 원하는 것을 얻기 위해 전투와 약탈을 일삼았다. 그 가운데 전투가 아닌 전염병에 의해 승부가 갈리는 일이 수시로 벌어졌다.

1097년, 1차 십자군이 지나가던 안티오크Antioch는 전쟁을 치르기에 훌륭한 요새였다. 하지만 십자군은 굶주림에 지친 상태로 식량을 찾아 수십 킬로미터를 헤매 다녀야 했다. 그해 겨울은 춥고 바람이 많이 불고

습도가 높아서 병사들의 사기를 꺾기에 충분했다. 한편 십자군이 설쳐 대는 꼴을 볼 수 없었던 투르크군은 안티오크 방어에 나섰고 프랑스군을 포위해 버렸다.

여전한 굶주림으로 모든 여건이 열악한 십자군이 거룩한 신앙심으로 마지막 힘을 모아 포위망을 뚫은 것은 1098년 6월의 일이었다. 그 직후부터 장티푸스로 의심되는 전염병이 유행하기 시작했다. 정확한 병명은 알 수 없지만 치명적인 이 전염병은 계층의 고하를 막론하고 사람들의 생명을 앗아갔다. 몇몇 영주가 세상을 떠나는 걸 목격한 다른 영주들은 자신의 병사들을 이끌고 안티오크를 빠져나갔다. 그러자 전염병도 함께 주변 도시인 마라에 주둔하고 있던 군대를 습격했다. 십자군은 더 이상 안티오크에 머물 수가 없었다. 아무런 작전도 계획도 없이 무작정 추운 겨울에 예루살렘을 향해 출발해야만 했다.

2차 십자군이 출범한 1148년, 오늘날 겨울이 되면 유럽에서 가장 많은 관광객이 찾는 지중해 도시의 하나인 터키 안탈리아Antalya에 프랑스 군대가 도착했다. 그런데 장거리 여행을 하는 동안 프랑스군의 전투력은 이미 크게 상실된 상태였다. 터키는 같은 기독교를 받아들인 나라였지만 생존을 위해서는 전투를 피할 수 없었다. 프랑스 군대는 지형에 익숙한 투르크의 기습 공격에 시달려야 했다. 그런데 비잔틴제국과 협상을 마치고 루이 왕이 이끄는 군대와 순례자들이 도시를 빠져나가려 할 때 남아있던 사람들에게 전염병이 퍼지기 시작했다. 십자군은 각자 능력에 따라 탈출을 감행했다. 그리고 동시에 장티푸스나 세균성 이질로 의심되는 전염병이 도시 전체를 휩쓸었다. 이 전염병은 남아있던 프랑스 군대의 전투력을 거두어갔고, 투르크가 공격을 시작하자 대부분의 프랑스군이 사망했다.

13세기에 들어서자 유럽에서는 한센병이 대유행을 했지만, 십자군은 비타민C 부족에 따른 괴혈병에 시달려야 했다. 1218년부터 약 1년간 이집트의 다미에타Damietta를 점령하는 동안 십자군의 약 5분의 1이 목숨을 잃었다. 기록된 내용을 보면 괴혈병이 확실해 보이지만 이 병은 이슬람군과 다미에타 시민들에게도 만연했다. 따라서 괴혈병과 함께 다른 전염병도 유행한 것이 아닌가 의심하게 한다.

그로부터 약 30년이 지난 1250년, 이미 오랜 전투를 치르면서 군사 작전의 중요성을 간파한 십자군은 7차 원정에서 이집트의 항구를 점령한 다음 이슬람을 공격하겠다는 계획으로 다미에타로 쳐들어갔다. 그러나 사순절의 첫 금요일인 2월 11일, 이슬람군과 전투가 벌어지면서 양군 모두 이틀 사이에 시체가 강둑을 뒤덮을 정도로 큰 피해를 입었다. 이때부터 다시 전염병과 기근이 함께 십자군을 공격했다. 이슬람군은 십자군의 군수품 공급로를 차단하는 작전을 펼쳤고, 사순절 기간 동안 굶주림에 허덕이던 기독교도들은 다리의 피부가 부패하고 검게 변하며, 잇몸이 썩고 코에서 출혈이 발생했다. 괴혈병과 이질이 함께 발생한 것으로 생각되며, 다른 전염병이 의심되기도 한다. 전투력을 완전히 상실한 프랑스 군대는 이슬람군에 항복해야 했고, 거액의 배상금을 물어준 후에야 루이 9세가 포로 신세를 면할 수 있었다.

십자군 원정이 실패로 끝나자 유럽 사회에는 반성의 기운이 일어났다. 목숨을 걸고 소신껏 행한 성전의 결과가 너무나 참혹했기 때문이다. 세상살이는 더 어려워졌고, 민심은 지도층에게 등을 돌렸다. 게다가 이슬람 국가로부터 전파된 학문과 문화는 결코 야만인의 것이 아니었다. 지난 수백 년간 중세 유럽이 외면했던 고대 그리스와 로마의 학문과 문화를 이슬람 문화권은 오히려 발전시켰던 것이다.

"우리가 우리 조상이 이룩한 것을 발전시키지 못하고 있는 사이에 타인들이 우리 조상의 것을 발전시켜 우리보다 더 뛰어난 학문 수준을 유지하고 있다. 이것이 될 법한 말인가?"

14세기 이탈리아의 프란체스코 페트라르카Francesco Petrarca는 지나간 세월을 돌이켜보며 모든 게 신학 중심으로 이루어지다 보니 발전이 늦었다고 한탄했다. 그는 지난 세월을 암흑기라 했으며, 이것이 후에 중세를 '암흑기'라고 표현하게 된 계기가 되었다.

이때부터 신 중심에서 벗어나 인간 중심으로 세상을 대하자는 움직임이 일어났다. 봉건제도의 결속보다 개인이 더 중요하고 내세보다는 현세가 더 중요해진 것이다. 이것이 이탈리아를 중심으로 한 인문주의 운동, 르네상스Renaissance의 시작이 되었다. 그런데 인문주의 운동이 막 시작되려고 하던 이탈리아에 새로운 전염병이 찾아왔다. 그런데 이 병은 중세 유럽을 처음 찾아온 것이 아니었다. 약 800년 전, 유럽이 중세에 들어선 초기에도 찾아왔던 병이었다.

6세기 초, 동고트족이 이탈리아를 지배하고 있을 때 동로마의 중심지 콘스탄티노플에서 발생한 페스트가 532년에 이탈리아로 전파된 후 유럽 곳곳으로 번져갔다. 그 결과 동고트제국은 멸망하고, 롬바르드족이 이탈리아반도를 지배하게 되었다. 로마식으로 통치를 한 콘스탄티노플의 유스티니아누스 1세^{Justinianus I}는 대성당을 세우는 등 도시를 화려하게 구성했지만 페스트 유행 후 로마식 동로마제국은 붕괴하고, 비잔틴식 동로마제국이 성립되었다.

그로부터 약 800년간 잠잠하던 페스트가 다시 유럽을 강타한 것은 1347년이었다. 그해 10월, 시실리에 제노바 선박이 들어오면서 유행하기 시작한 페스트는 곧 이탈리아는 물론 유럽 전역으로 퍼져나갔다.

페스트로 아버지를 잃은 보카치오^{Giovanni Boccaccio}는 《데카메론》을 통해 페스트에 대한 생생한 기록을 남겼다. 1957년 노벨 문학상 수상자인 알베르 카뮈^{Albert Camus}가 《페스트》에 그려낸 내용은 결코 과장이 아니었다. 페스트 대유행에 의해 유럽 전 인구의 3분의 1인 약 2,500만~3,500만 명이 희생되었으며, 그 위력이 약화된 후에도 계속해서 각지에서 산발적인 유행이 일어나 많은 희생자를 남겼다.

14세기에 페스트는 유럽 이외 지역에서도 유행했다. 중국에서는 페스트로 의심되는 전염병에 의해 약 1,300만 명이 목숨을 잃었으며, 페스트의 발원지로 추정되는 중앙아시아 및 서남아시아 지방에서도 약 2,400만 명이 목숨을 잃었다. 페스트가 얼마나 무서운 질병이었는지 짐작할 수 있는 대목이다.

원인 모를 질병과 마주친 유럽인들은 이 질병이 사람에서 사람으로

페스트 유행 당시 의사들이 감염을
피하기 위해 착용한 복장.

전염되는 병임을 금방 알아챘다. 사람이 말을 타고 달려가는 것보다 더 빠른 속도로 전파되지는 않았기 때문이다. 그렇다면 대책은 감염된 사람을 피하는 것이었다. 의사들은 도망치기 바빴고, 그나마 인도주의 정신이 남아있던 의사들은 가운, 장갑, 보안경, 약초를 담은 새 부리 모양의 마스크 등을 착용하여 페스트를 피하려고 했다.

한편 여행자들이 병을 옮기는 것을 막기 위해 1377년 두브로브니크Dubrovnik를 시작으로 검역법quarantine law이 시행되었다. 프랑스어로 40을 의미하는 'quarante'에서 유래한 '검역'이라는 용어는 기독교인들이 사순절로 기념하는 예수님의 40일간의 고난에서 유래한 것이다. 항구에 들어온 배는 40일간 기다려야 했다. 그동안 페스트가 발생하지 않아야 승객과 화물을 내릴 수 있었다. 힘없는 사람들의 이동은 통제되었고, 흉흉한 민심은 마녀사냥이라는 집단적 광기를 일으켰다.

2세기 로마에서 황제의 시의로 활약한 갈레노스는 방대한 저서를 남겨 1,000년 이상 의학에서 확고한 지위를 누렸던 인물이다. 그런데 그가 남긴 책에는 페스트에 대한 내용이 전혀 나오지 않는다. 이 때문에 그의 책은 진위를 의심받기도 했다. 페스트가 유행하면서 그나마 누리던

페스트 유행 당시 비엔나의 병원. 14세기 유럽을 휩쓴 전염병의 위력이 잘 나타나 있다.

약간의 자유마저 억압받게 된 하층민들은 불만이 팽배하고 계층 간에 갈등이 깊어졌다. 농촌을 버리고 떠나는 인구가 늘어나면서 생산성이 감소했고 기근이 계속되었다. 이제 봉건제도는 붕괴를 눈앞에 두고 있었다. 페스트가 중세를 몰락시킨 것이다.

　20세기 초반까지 잊을 만하면 한 번씩 유행을 일으키며 세계 곳곳을 돌아다닌 페스트는 1894년 알렉상드르 예르생Alexandre Yersin 1863~1943과 기타사토 시바사부로北里 柴三郞 1853~1931에 의해 그 병원체가 별도로 발견되어 예르시니아 페스티스^{Yersinia pestis}로 명명되었다. 페스트는 20세기에 들어 발생 빈도가 현저히 감소되었으나 현재도 베트남, 미얀마 등 동남아 일부 국가와 아프리카, 남미, 북미 일부 지역에서 환자 발생이 보고되고 있다.

아즈텍과 잉카 문명을 사라지게 한 두창

1977년 소말리아에서 두창 환자가 발생했다. 1978년에 실험실 사고로 우연히 환자가 발생하긴 했지만, 지구상에서 자연적으로 발생한 두창 환자는 1977년 소말리아가 마지막이었다. 두창은 이제 지구상에서 공식적으로 사라진 병으로 취급되고 있지만, 과거에는 일단 감염되었다 하면 사망 가능성이 높았고 혹시 살아남더라도 얼굴을 흉하게 만드는 무서운 질병이었다. 이 전염병이 인류의 역사를 바꾼 대표적인 질병으로 여겨지는 것은 유럽인들의 남아메리카 정복에 중요한 역할을 했기 때문이다.

1519년 스페인의 에르난 코르테스^{Hernán Cortés}는 550명의 병사를 이끌고 쿠바에서 멕시코로 쳐들어갔다. 아즈텍 문명의 중심지 테노치티틀란^{Tenochtitlan}에 도착한 것은 그해 11월 초였다. 코르테스의 군대는 수많은 화려한 탑과 사원에 놀라지 않을 수 없었다. 당시 아즈텍은 건축과 공학이 고도로 발전하였으며, 풍부한 금을 보유하고 있었다.

그런데 아즈텍의 군주 몬테수마^{Montezuma}와 아즈텍인들은 스페인 군대를 자신들의 신이 보낸 사람들이라고 생각했고 그들을 극진히 대접했다. 언젠가 다시 아즈텍을 지켜주기 위해 신이 돌아온다는 아즈텍의 전설이 있었는데, 스페인 군대를 그 주인공이라 여겼던 것이다. 물론 욕심에 눈이 먼 코르테스는 몬테수마를 투옥한 후 많은 금을 요구하면서 아즈텍을 통치하기 시작했다.

1520년 봄, 판필로 데 나르바에스Panfilo de Narvaez가 이끄는 또 다른 스페인 군대가 멕시코 동부 해안에 상륙했다. 이 배에는 아프리카에서 온 것으로 추정되는 흑인 노예들이 타고 있었는데, 그들 중에 두창 환자가 있었다. 스페인은 1510년부터 아프리카에서 아메리카 대륙으로 노예를 실어 나르기 시작했는데, 금 광산과 사탕수수 밭에서 일할 노동력을 확보하기 위해서였다. 아프리카에서 노예를 실어오는 일은 군대가 관여하는 경우가 많았다. 나르바에스의 상륙 소식을 들은 코르테스는 이미 왕의 명령 밖에 있었으므로 이익도 챙기고 반역자로 취급받지 않기 위해 나르바에스의 군대와 전투를 벌였다. 코르테스는 전투에서 승리했으나 아프리카인들로부터 전해진 두창이 코르테스의 부대에 전염되고 말았다.

한편 코르테스와 나르바에스가 전투를 벌이는 동안 아즈텍인들은 독립을 쟁취하고자 했다. 나르바에스는 철수하면서 남은 배를 모두 파괴했고, 돌아갈 배편도 먹을 식량도 부족했던 코르테스는 다시 아즈텍인들과 목숨을 건 전쟁을 해야만 했다. 두창이 번져서 전투력을 상실한 데다가 병사들의 사기마저 떨어진 코르테스의 군대는 아즈텍 군대를 당할 수 없어 결국 1차 전투에서 패하고 말았다.

그런데 이번에는 아즈텍인들에게 두창이 유행하기 시작했다. 나르바에스의 배에 있던 두창 환자가 전파한 두창이 코르테스의 병사들을 거쳐 아즈텍인들에게 전파된 것이다. 전투에는 이겼지만 전염병 앞에서 아즈텍군은 무너지고 말았다.

스페인의 2차 전투는 양상이 달라졌다. 아즈텍군은 도망치기에 바빴고 불과 수주 만에 두창은 테노치티틀란 전역에 퍼져나가 전체 인구의 4분의 1을 죽음으로 내몰았다. 코르테스의 군대와 달리 아즈텍인들은 처음 접하는 두창이라는 전염병에 면역력이 없었다. 이것이 원인이 되어 1521년을 끝으로 아즈텍 문명은 역사 속에서 사라지고 말았다.

페루에서 발생한 잉카 문명도 두창의 희생양이었다. 1530년 프란시스코 피사로Francisco Pizarro가 이끄는 스페인 군대가 처들어가기 3년 전, 1527년에 이미 두창이 전파되기 시작했다. 태양의 아들이라는 별명을 가진 잉카 왕이 북부 도시 키토Quito를 방문하고 있을 때 수도인 쿠스코Cuzco에서 온 전령은 쿠스코에 두창이 발생하여 많은 왕족과 시민들이 사망했다는 소식을 전했다. 그런데 쿠스코로 돌아가던 왕도 두창에 걸려버렸고, 결국 "나의 아버지 태양이 부르는 곳으로 간다. 얼른 가서 그 옆에서 쉬어야겠다."는 말을 남기고 세상을 떠났다.

잉카 왕의 아들 둘은 서로 왕좌를 차지하기 위해 싸움을 벌였고, 아타후알파Atahualpa가 1532년에 승리를 쟁취하여 왕위에 올랐을 때는 이미 두창으로 사망한 사람 수가 10만 명을 넘은 후였다. 그 직후 피사로의 군대는 잉카제국을 정복했고, 잉카문명도 지구에서 사라지고 말았다. 제국주의와 함께 남아메리카에 전파된 두창이 아메리카 대륙 곳곳에서 맹위를 떨치면서 아즈텍문명과 잉카문명을 멸망으로 몰아넣은 것이다.

나폴레옹의 사전에 불가능을 만든 전염병

1789년 7월 14일, 프랑스에서 혁명이 일어났다. '내가 곧 국가'라는 왕의 독재를 견디지 못한 시민들이 일으킨 이 혁명은 약 5년간 지속되어 정치 제도에 변혁을 가져왔다. 루이 16세가 처형된 후 왕정 대신 국민에 의한 정치를 실현할 수 있게 된 것이다.

지중해 코르시카 섬에서 태어난 나폴레옹Napoléon Bonaparte은 루이 16세가 처형된 1792년에 왕당파의 반란을 진압하는 데 공을 세우기도 했으나, 한때 실각하기도 하는 등 부침을 거듭하고 있었다. 하지만 나폴레옹은 1795년에 국민공회를 위협하는 폭도를 진압하고 이탈리아 원정군 사령관을 맡았다. 그는 이탈리아와 오스트리아 군대를 격파한 뒤 이탈리아 각지에 프랑스 혁명의 이념을 도입한 인민공화국을 건설하면서 중요한 인물로 등장했다.

1798년, 그때까지 승승장구하던 나폴레옹의 군대가 이집트에서 어려움을 겪을 것이라는 예상을 하기는 어려웠다. 자신의 사전에 불가능이 없다는 나폴레옹은 이때까지 전쟁에서 패한 적이 없었기 때문이다. 전 유럽을 지배하겠다는 나폴레옹의 다음 상대는 이집트였다. 6월 초 이집트로 진군한 나폴레옹은 손쉽게 승리를 거두었다. 그러나 이집트의 고대 유적에 관심을 가졌던 유럽 여러 나라는 나폴레옹의 침략을 그냥 두고 보지 않았다. 프랑스가 이집트를 점령하자마자 영국은 나일 강 입구에서 프랑스군과 일전을 벌이고 프랑스 본진과 마주보며 진을 쳤다. 이로 인해 프랑스군은 후방으로부터 지원을 받는 것이 불가능해졌다.

전쟁에서 승승장구하던 나폴레옹에게 처음으로 패배를 안겨준 것은 다름 아닌 전염병이었다.

이때 이집트의 반격과 함께 페스트가 유행하기 시작했다. 프랑스군이 위태로워진 것이다. 나폴레옹은 개인위생과 세탁을 강조했고, 시리아와 터키로 방향을 돌렸으나 전염병도 뒤를 따라왔다. 페스트의 유행은 나폴레옹의 군대에 엄청난 손실을 주었다. 결국 러시아까지 참전하면서 나폴레옹은 프랑스로 돌아가야만 했다. 지휘관을 잃은 프랑스군은 그로부터 2년간 이집트에서 영국과 오스만투르크Osman Turk군은 물론 페스트를 상대로 전투를 벌여야만 했다. 매일 30~40명씩 사망하는 병사들을 지켜보다 못한 프랑스 장교는 전쟁을 포기하는 것으로 이집트 원정을 마쳐야 했다.

프랑스로 돌아온 나폴레옹은 1799년에 원로원에 의해 제1통령으로 임명되면서 정권을 잡고 군사독재를 시작했다. 그는 혁명 후 안정을 추구하는 프랑스의 사회적 분위기를 깨고 유럽을 손에 넣으려고 했다. 1805년 트라팔가 해전에서 넬슨에게 패한 뒤 나폴레옹은 영국을 고립시키기 위해 대륙봉쇄령을 내렸다. 지난 1798년 이집트에서 패한 이래 트라팔가 해전에서 다시 영국에 패한 것에 대한 보복 조치였다. 하지만 러시아는 영국과의 무역을 중단하지 않았고, 나폴레옹은 러시아를 응징하기 위해 대규모 원정을 계획했다.

1812년 6월 22일에 시작된 러시아 원정에 참여한 군사 규모는 약 60만 명이었다. 이는 나폴레옹이 장악한 거의 모든 지역에서 선발된 군인들이었다. 그런데 러시아군의 작전은 싸우지 않고 도망가는 것이었다. 러시아군은 어떤 저항도 하지 않고 농촌을 황폐화함으로써 프랑스 군대에게 도움이 될 만한 것은 아무것도 남겨 놓지 않았다. 그런데 이번에는

발진티푸스는 군대나 감옥과 같이 집단생활을 하는 곳에서 유행했다.
군대에 발진티푸스가 퍼지면 군인들은 전쟁터가 아닌 길거리에 쓰러져 죽음을 맞이해야 했다.

프랑스군에 발진티푸스가 유행하기 시작했다. 이가 옮기는 발진티푸스를 예방하려면 군복과 담요를 소독해야 했지만 전쟁 중에는 그럴 형편이 안 되었다. 환자가 늘어나면서 진군은 점점 늦어졌고, 군수품 보급이 원활하지 않은데다 의료 환경도 열악했다. 게다가 세계 각지에서 모였기 때문에 서로 다른 언어와 문화로 결속력이 떨어지던 60만 대군은 흔들리기 시작했다.

9월 7일, 모스크바 서쪽 약 90킬로미터 지점에 위치한 보로디노에서 모스크바로 진군하던 나폴레옹은 최초로 대규모 전투를 벌인다. 러시아군과 프랑스군을 합쳐 약 13만 명이 전투에 참여하였고 이 중에서 약 5

만 명이 사망하는 막대한 피해를 입은 이 전투는 톨스토이의《전쟁과 평화》에서 상세하게 그려졌다. 어떤 이들은 이때 나폴레옹이 심한 감기로 고생했고, 만약 감기로 인해 판단력이 흐려지지 않았다면 모스크바로 진격하는 프랑스군이 승리할 수도 있었을 것이라는 주장을 하기도 한다.

9월 중순 프랑스군은 결국 모스크바를 점령했다. 그런데 모스크바에는 군인은 물론 시민과 식량도 거의 남아있지 않았다. 러시아인들이 불을 질러 도시는 불타기 시작했고, 아무것도 구할 수 없었던 나폴레옹은 10월 중순에 퇴각을 명령했다. 파리로 돌아가는 길, 나폴레옹의 군대는 생전 처음 경험하는 추위와 굶주림을 겪어야 했다. 병사들은 살아남기 위해, 타고 간 말을 비롯하여 무엇이든 먹어야 했다. 모든 게 결핍되자 군대의 명령 체계는 와해되었다. 환자와 시체로 넘쳐나는 임시병원은 감염원 역할을 했다. 군대가 지나는 곳마다 발진티푸스가 유행했다. 약 60만 명의 나폴레옹 군사 중에 살아 돌아온 군사는 약 4만 명에 불과했다. 영국, 러시아, 프러시아, 오스트리아 연합군은 1814년에 파리를 함락시킴으로써 나폴레옹의 꿈은 산산조각 났고 나폴레옹은 엘바 섬에 유배되었다.

훗날 역사학자들은 나폴레옹의 러시아 원정 실패가 추위와 작전 실패라고 한다. 애주가들은 장교들만 코냑cognac을 마시는 프랑스 군대는 누구나 보드카vodka를 즐기는 러시아 군대에 비해 추위와의 싸움에서 질 수밖에 없었다는 주장을 한다. 하지만 의학계에서는 출정 초기부터 유행한 발진티푸스가 나폴레옹 군대의 전투력을 약화시킨 가장 큰 원인이라고 본다. 전염병으로 인해 세계사가 바뀐 것이다.

나폴레옹은 엘바 섬에서 탈출하여 다시 황제임을 선포하기는 했다.

그러나 1815년 워털루 전투에서 영국에게 다시 패하면서 세인트헬레나 섬에 유배된 후 1821년 세상을 떠날 때까지 섬을 빠져나오지 못했다. 그가 죽은 후 부검에 입회한 이들은 사망 원인을 위암으로 판정했다. 그러나 한편에서는 그가 비소 중독으로 살해당했다는 가설을 제기했다. 현존하는 나폴레옹의 모발에서 비소 함량이 정상치보다 60배나 많이 검출되었기 때문이다. 어느 것이 직접 사인인지 알 수 없으나 나폴레옹이 위암에 의해 세상을 떠났다면 헬리코박터균 감염이 위암 유발 요인으로 작용했을 수 있다. 그렇다면 나폴레옹은 평생 전염병으로 고생하다 결국 전염병 때문에 세상을 떠난 셈이 된다. 나폴레옹은 전염병 외에도 치질, 방광결석, 조울증, 성기능 부전증 등 숱한 병에 시달렸다고 한다.

나폴레옹이 루이지애나를 미국에 판 이유

루이지애나는 오늘날 미국 중남부에 위치한 주의 이름으로, 2005년
9월 미국을 강타한 카트리나를 비롯하여 허리케인이 수시로 상륙하는
지역이다. 이 지역의 유명 관광지 뉴올리언스는 재즈의 고향이자, 프랑스,
스페인 등 여러 나라의 문화가 공존하는 곳이다. 이렇게 다양한 문화가
존재하는 이유는 이곳의 주인이 여러 차례 바뀌었기 때문이다.

본래 루이지애나는 1803년까지 현재의 미국 중앙을 남북으로
가로지르는 넓은 땅으로, '루이 16세의 땅'이라고 불리는 지역이었다.
루이지애나를 통치하는 본부가 있던 아이티는 1800년에 이미 프랑스
식민지였다. 나폴레옹은 루이지애나와 미시시피 계곡에 프랑스 제국을
건설하기 위한 전초기지로 아이티를 이용하려는 계획을 세웠다. 그런데
1801년 투생 루베르튀르와 데살린 통치하에 있던 아이티의 노예들이
프랑스에 반란을 일으켰다. 나폴레옹은 샤를 르클레르 장군이 이끄는
1만 2,000명의 군대를 보내 반란을 잠재우는 데 성공했다. 그러나
전투가 끝나고 프랑스 군대에 전염병이 유행하기 시작했다.

1802년 6월까지 프랑스 군대는 3,000명의 목숨을 잃었다. 하루에
30~50명씩 사망자가 발생한 황열은 여름 내내 기세를 떨쳤고, 프랑스
군대를 거의 괴멸시키다시피 했다. 전염병 앞에서는 병사뿐 아니라
지휘관들도 세상을 떠났다. 1802년 10월에는 르클레르도 희생자의
대열에 합류했다. 그러나 오로지 땅따먹기에만 열중하던 나폴레옹은

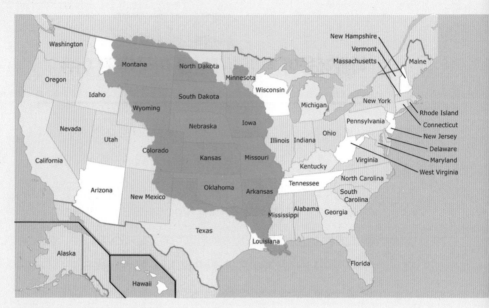

1803년의 루이지애나(초록색 부분)가 표시된 미국 지도.

계속해서 군대를 증파하며 제국주의 정책을 이어가고자 했다.

그러나 황열로 인한 피해가 계속되자 프랑스 정부는 1803년 11월에 아이티에 있던 프랑스 군대의 철수를 명령해야만 했다. 아이티인들을 노예로 부려 먹으려 했던 프랑스 식민 정부는 전염병 앞에 무릎을 꿇었고 아이티는 독립을 쟁취했다. 나폴레옹의 명령을 받고 아이티로 떠났던 3만 3,000명^{다른 기록에는 3만 7,000명}의 군인 중 고향으로 살아 돌아온 사람은 불과 3,000명뿐이었다.

제국주의의 꿈이 산산이 깨진 나폴레옹은 1803년 미국 대통령 토머스 제퍼슨에게 당시까지 프랑스가 지배하고 있던 루이지애나를 헐값에 사라는 요구를 했다. 미국 정부가 이를 받아들임으로써 미합중국의 영토는 거의 두 배로 넓어지게 되었다. 그때까지 미국 서부의 약 3분의 1은 스페인이 지배했으나 골드러시에 의해 서부개척이 이루어지면서 이 땅도 차차 미국으로 넘어갔고, 미국은 오늘날의 48개 주를 본토에 구성하게 된 것이다.[*]

---

[*] 현재 미국은 본토의 48개 주 외에 하와이와 알래스카 등 모두 50개 주로 구성되어 있다.

오늘날의 미국을 만든 황열

유럽 열강이 제국주의에 열을 올리고 있을 때 13개 주로 탄생한 미국은 북아메리카에서 영향력을 넓혀가느라 19세기까지 세계사에서 별다른 역할을 하지 못했다. 그러나 19세기가 끝나갈 무렵부터 "아메리카 대륙은 아메리카에게"라는 구호를 외치며 카리브 해와 중부 아메리카 지역으로 눈길을 돌리기 시작했다. 그 무렵 1880년대까지 파나마 운하를 차지하고 있던 프랑스가 이 지역을 포기하고 물러났다. 미국은 프랑스의 실패가 말라리아와 황열 때문이라는 것을 알았고, 자신들이 영향력을 키우기 위해서는 먼저 황열을 해결해야 한다는 결론을 얻었다.

황열은 모기가 바이러스를 전파함으로써 발생하는 전염병으로, 얼굴이 노랗게 되고 열이 난다는 뜻에서 붙은 이름이다. 역사적으로 아주 오래전부터 존재했을 것으로 생각되지만 17세기 이후 카리브 해 연안과 대서양 연안, 남미와 아프리카 지역에서 수시로 유행하는 전염병이었다.

1647년 카리브 해 동쪽의 작은 나라 바베이도스에 처음 출현한 황열의 원래 이름은 바베이도스 디스템퍼^{Barbados distemper}였다. 그 뒤 황열은 아프리카에서 오는 노예선에 환자가 발생하면 배가 격리되어 검역을 받는 동안 노란 깃발을 꽂았으므로 '노란 잭^{Yellow Jack}'이라는 별명을 갖게 되었다.

1792년 영국 해군 군의관 제임스 린드^{James Lind}가 24년 전 세네갈에서 발견한 황열 환자의 기록을 남겼는데, 이것이 최초의 아프리카 환자에 대한 기록이다. 그러나 당시 아프리카를 다녀온 의사들은 아프리카에

뉴올리언스의 부두. 이곳은 바나나, 커피와 함께 황열이 미국으로 들어오는 관문이었다. 미국에 상륙한 황열은 빠른 속도로 내륙 지방에 퍼져나갔다.

일찍부터 황열과 유사한 전염병이 존재했다는 기록을 남겨 놓았으므로 아프리카에는 더 오래전부터 황열이 존재했을 것으로 짐작된다.

황열은 일찍이 미국에도 전파되었다. 1706년에 황열이 미국 남부에 유행할 때는 인구의 5퍼센트가 사망한 것으로 추정되며, 1793년에는 당시 수도이던 필라델피아에 전파되어 도시 전체를 공황 상태에 빠뜨리기도 했다. 황열 환자를 내버려두고 가족들이 집을 떠나면서 가정이 파괴되는 상황이 속속 벌어진 것이다. 약 30년간 황열 유행이 지속되면서 필라델피아 전체 인구의 10분의 1이 목숨을 잃었다.

미국보다 먼저 파나마 운하 지역을 차지하고 있던 프랑스는 1854년부터 15년 동안 이집트에 수에즈 운하를 건설한 바 있다. 당시 외교관이면서 운하 건설 책임을 맡았던 페르디낭 드 레셉스Ferdinand de Lesseps는 1879년에 파나마 운하 건설의 타당성을 조사하기 시작했다. 그리고 7~8년이면 운하를 완성할 수 있을 것이라는 생각으로 1881년 공사에 착수했다.

이미 운하 예정지 옆으로 철도를 건설하는 과정에서 수많은 노동자들이 전염병으로 사망한 바 있지만 레셉스는 개의치 않았다. 그런데 그 주변은 모기 서식이 용이한 습지가 많아 모기가 전파하는 황열이 만연해 있었다. 노동자 1,000명당 176명이 사망하는 악조건 속에 공사를 강행했지만, 총 2만 명 이상의 노동자가 목숨을 잃고 1889년에 회사가 파산하자 그는 파나마 운하 건설 계획을 공식적으로 포기해야만 했다. 이때부터 운하를 다른 지역에 건설하거나 포기하자는 의견이 나오기 시작했다.

한편 미국은 남쪽으로 영향력을 넓히기 위해 풍토병을 정복하는 것이 무엇보다 중요하다고 판단했다. 미국 정부는 월터 리드를 위원장으로 하는 황열 연구위원회를 구성하여 황열 해결에 나섰다. 이들은 황열이 모기에 의해 전파된다고 주장하는 쿠바 의사 카를로스 핀라이Carlos Finlay를 만나 그 타당성을 확인한 뒤 연구를 진행하였다. 그리고 1900년에 황열의 병원체는 바이러스이며, 모기가 황열을 매개한다는 사실을 알게 되었다.

리드의 뒤를 이은 윌리엄 고거스William Gorgas는 1901년부터 쿠바에서 대대적으로 모기 박멸 사업을 실시했다. 쿠바의 보건 관계자들은 모기 대신 환자의 오물이 황열을 발생시킨다고 믿고 있었으므로 처음에는 사업 진행이 어려웠다. 하지만 고거스는 1년에 걸친 설득 끝에 겨우 동의를 구해냈다. 모기 서식지 제거를 위해 군인들은 물통을 가지고 다니지 못하게 했고 연못에는 기름막을 입혔다. 숙소에는 그물망을 설치하고 고인 물이 흐를 수 있도록 배수로를 만들고 제초제와 살충제를 뿌렸다. 모기가 살아남기 힘든 환경을 조성함과 동시에 유충을 사멸시키는 것이 그의 계획이었다. 이와 같은 모기 박멸 사업은 황열 환자 발생을 크게 줄였다. 미국 정부는 1904년에 그를 파나마 운하 건설 현장으로 보냈다. 그는 여기에서도 쿠바에서와 같은 방법으로 모기 박멸 사업을 진행했고, 결과는 성공적이었다.

1906년 마지막 황열 환자가 발생한 뒤, 1907년부터 환자 발생이 사라지자 미국은 파나마 운하 건설을 재개하기로 결정했다. 모기 박멸 사업은 이 지역에 빈번하게 일어나던 말라리아 발생도 함께 줄일 수 있었다. 모기를 박멸함으로써 황열과 말라리아를 어느 정도 해결하게 된 것은 방역의 중요성을 보여준 역사적 사례가 되었다.

6년 후 1913년 11월 17일, 대서양에서 태평양으로 향하는 배가 남아메리카 대륙을 돌지 않고 처음으로 파나마 운하를 통과하여 태평양으로 들어섰다. 1880년대에 1,000명당 176명이던 노동자 사망률은 1,000명당 6명으로 감소했다. 당시 1,000명당 14명이던 미국 전역의 노동자 사망률과 비교하면 노동자들의 노동조건이 완벽하게 개선되었음을 알 수 있다. 황열을 해결하지 못한 프랑스는 아메리카 대륙에서 물러나야 했지만 이 전염병을 해결한 미국은 파나마 운하를 건설하면서 아메리카 대륙 전체로 영향력을 넓히는 데 성공했다.

전염병과
인간의 반격

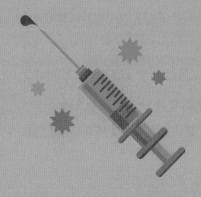

백신의 정의와 종류

백신이란 사람이나 동물에게 발생하는 질병을 예방 또는 치료하기 위하여 병원체 자체나 일부 또는 병원체의 대사 과정에서 배출되는 독소를 적당한 방법으로 처리하여 병원성을 없애거나 미약하게 만든 것이다.

백신이라는 용어는 루이 파스퇴르가 처음 사용했다. 그는 닭콜레라 예방법을 고안하면서 그 방법에 사용한 약독화된 균을 백신vaccine이라 명명했다. 그리고 자신이 고안한 방법이 백신을 사용하여 질병을 예방한다고 하여 예방접종vaccination이라 이름 붙였다. 백신의 어원은 라틴어로 암소를 의미하는 '바카vacca'에서 유래했다. 이것은 파스퇴르보다 먼저 예방접종법을 시행한 에드워드 제너가 소를 이용하여 백신을 개발했기 때문이다.

백신은 면역 기능을 자극하여 감염이 발생하는 경우 신속하게 대처할 수 있게 하는 방법이다. 면역을 유도하는 방법에는 외부에서 체내로 들어간 항원에 의해 숙주 자신이 면역을 얻게 하는 '능동면역'과 항체나 항체가 포함된 혈청을 투여하여 감염 질환을 신속하게 예방하거나 치료하는 '수동면역'이 있다.

신생아의 경우 면역 기능이 약하므로 모유 수유 시 초유에 포함되어 있는 항체를 전달받게 되는데, 이것이 자연적 수동면역에 해당한다. 수동면역은 지속 시간이 짧은 것이 특징이다. 수동면역은 면역력이 없는 개체가 병원체가 포함된 물질에 노출되는 경우, 진행 중인 질환의 증상을 약화시키기 위한 경우, 세균독소의 작용을 억제하기 위한 경우 등 일시적으로 면역 기능을 부여하기 위해 사용된다.

능동면역은 면역력을 획득하는 방법에 따라 병원체에 노출되어 생긴 자연적 능동면역과 백신 접종에 의해 유도하는 인공적 능동면역으로 구분된다.

또 능동면역은 면역력을 강화시키기 위해 사용하는 재료가 살아있느냐, 아니냐에 따라 **생백신**과 **불활성화백신**으로 구분한다. 불활성화백신에는 파스퇴르가 사용한 것처럼 **세균을 사멸**하여 얻은 것, 병원체의 대사과정에서 생성되어 숙주에 해를 입히거나 병원체 자체가 가지고 있는 독소toxin에 열을 가하거나 약품을 처리하여 생산한 **톡소이드**toxoid, 병원체를 구성하는 성분 중에서 면역 기능을 일으키는 항원 성분만을 추출하여 제조한 백신인 **특이항원추출백신**아단위백신, subunit vaccine 등으로 구분된다.

예방접종의 종류

톡소이드는 병원체가 지닌 독성은 파괴되지만 독소가 지닌 특이한 면역원성은 그대로 지니게 함으로써 인체에는 해를 주지 않고 인체의 방어기제에 의해 면역 효과를 일으키는 것이다. **특이항원추출백신**은 숙주가 방어에 필요한 항원 부위에 대해서만 면역 기능을 가질 수 있게 하는 것이다. 불활성화 백신은 안전성이 높아서 백신 접종의 부작용으로 병이 발생하는 경우가 아주 적다. 하지만 생산을 위한 비용이 많이 들고, 한 차례 접종으로는 효과가 미약하며, 면역 지속 기간이 생백신보다 짧다는 단점이 있다.

불활화성백신에 상대적인 개념으로 **순화백신**attenuated vaccine, 생백신, 약독화 백신이 있다. 이것은 살아있는 병원체를 조직이나, 계란, 배지 등에서 장기간 계대배양하여 독성을 없애거나 아주 미약하게 하여 만든다. 사백신과 상대적인 의미로 **생백신**이라고도 하며, 병원체의 병원성을 약화시켰다는 뜻에서 **약독화백신**이라고도 한다. **순화백신**은 제조 비용이 적게 들고, 보통 한 번 접종하는 것으로 면역 기능이 완전해지며 생백신보다 면역 지속 기간이 길다는 장점이 있지만, 상대적으로 안전성이 낮다는 단점이 있다. 가끔씩 백신이 부작용을 일으켰다는 뉴스를 접할 수 있는데 생백신을 사용한 경우에 이와 같은 일이 나타날 수 있으므로 세심한 주의가 필요하다.

최근에는 유전자 조작으로 독성유전자를 불활성화시키거나 결손시킨 **돌연변이를 통해 개발한 생백신**이 이용되기도 한다. 또 약독화할 수 없는 병원체의 유전자를 안전한 바이러스에 삽입한 **잡종바이러스 백신**도 개발 중이다. 유전공학 기법으로 제조한 백신은 병원체가 가진, 면역원성이 높은 단백질 정보를 지닌 유전자를 조작하여 제조한다. 이것은 안전성이 높고, 대량생산이 용이하며, 적은 비용으로 생산할 수 있다는 장점이 있으며, B형간염, 자궁경부암을 유발하는 인체유두종 바이러스 백신 등에 이용된다.

소젖 짜는 아가씨의 경험에서 얻은 종두법

홍역, 소아마비와 더불어 가장 오래된 바이러스성 질환의 하나인 두창은 증상이 고통스럽고 일단 감염되면 회복된다 하더라도 얼굴에 보기 흉한 흉터를 남기므로 인류에게는 공포의 대상이었다. 두창에 대한 의학지식이 없던 시대에는 두창이 발생하면 그저 죽음의 심판을 받아들이는 것이 당연했다.

하지만 지금은 두창에 걸린 환자가 발생한다면 젊고 패기에 넘치는 의사보다 인생 경험이 풍부한 노인에게 데려가는 편이 나을지도 모른다. 왜냐하면 지구 최후의 두창 환자가 발생한 지 벌써 37년도 더 지났으므로 대부분의 의사가 두창 환자를 본 경험이 없기 때문이다. 과거에는 생명을 위협하는 질병이었던 두창이 지구상에서 완전히 사라진 질병이 된 데는 제너의 공헌이 결정적이었다.

약 200여 년 전 에드워드 제너가 영국에서 의사로 활동할 때는 두창이 아동 사망의 가장 큰 원인 중 하나였다. 당시에는 증상만 알려져 있을 뿐이었는데, 환자의 체온이 오르면서 인체에 부스럼이 나타나면 속

에드워드 제너는 아동 사망의 가장 큰 원인이었던 두창을 해결하는 데 관심을 기울였다.
그는 우두를 이용하여 두창을 해결하려고 했다.

수무책으로 기다리는 것 외에 별다른 대안이 없었다. 또한 전염력이 강하여 환자가 발생하기만 하면 온 마을이 공포에 떨어야 했다.

의사로서 두터운 신임을 얻고 있던 제너는 다른 의학자들과 마찬가지로 두창 해결에 관심을 기울이고 있었다. 당시 영국에는 사람에게 먼저 발생한 두창은 사망에 이르는 경우가 많지만, 소로부터 사람으로 감염된 경우에는 피부에 붉은 발진이 작게 나타날 뿐 전형적인 두창 증상이 나타나지 않는다는 사실이 알려졌다. 항상 소와 가까이에서 생활하는 소젖 짜는 아가씨와 목동들은 두창에 걸리지 않는다는 사실로부터 얻은 힌트였다.

우두_{소에게 발생한 두창}에 한 번 걸린 사람은 두창으로 고생하지 않는다는 이야기를 전해 들은 제너는 이를 이용하여 두창을 해결하려는 생각을 했다. 그는 소문을 확인하기 위해 우두 병력이 있는 사람들을 찾아보았으나 충분한 수를 확보할 수 없었다. 다음으로 제너는 실험을 통해 우두에 감염된 사람은 두창이 발생하지 않는다는 사실을 증명하고자 했다. 하지만 목숨을 걸고 임상 시험에 응할 사람을 찾는 것 또한 쉬운 일이 아니었다. 제너는 우두에 걸린 사람은 두창에 걸리지 않는다는 사실을 확신하고 있었으므로 계속해서 지원자를 찾던 중 9세 때 우두에 걸린 적이 있는 62세의 존 필립을 찾아냈다. 그는 제너를 깊이 신뢰하고 있었으므로 종두법에 관한 제너의 설명을 듣고 자청하여 실험에 임했다.

제너는 두창이 발생한 환자의 상처 부위에서 생성된 액체를 주사기로 뽑아낸 다음, 필립에게 그 액체의 소량을 주입했다. 그러자 주사 맞은 부위에 붉은 발진이 나타났고, 이 발진은 며칠 동안 범위가 넓어지면서

제너의 종두법을 풍자한 카툰. 종두법은 안정성과 확실한 효과가 입증되었음에도 상당히 오랫동안 사람들의 오해에 시달렸다.

어깨 부위에 약간의 통증을 유발했다. 그러나 5일째부터 상태가 호전되더니 곧 정상으로 회복되었다. 두창이 발생해야 할 상황에서 존 필립은 정상으로 돌아옴으로써 우두 병력을 지닌 사람은 두창에 걸리지 않음이 확인되었다.

제너는 인위적으로 우두에 감염된 사람은 두창이 발생하지 않을 것이라는 생각을 했다. 그는 1796년에 부모의 동의를 얻어 제임스 핍스라는 8세 소년에게 우두에 걸린 처녀의 팔에서 얻은 검체를 접종했다. 핍스는 예상대로 접종 부위에 작은 발진이 생기고 열이 나는 등 미미한 증세를 보인 후 며칠이 지나자 정상을 되찾았다. 자신의 이론이 옳다는 확신을 가진 제너는 핍스에게 두창 병소를 접종하는 실험을 수차례 더 반복했다. 핍스에게는 아무 증세도 나타나지 않았다. 살아있는 병원체를 이용한 생백신 시험이 성공으로 판명된 것이다.

제너의 종두법 발견으로 유사 이래 수시로 인류의 목숨을 위협하던 두창은 해결 가능한 전염병이 되었다. 1960년대 세계보건기구World Health Organization, WHO가 대대적으로 두창 박멸에 나선 결과 1978년의 실험실 사고에 의한 감염을 제외하면 1977년 소말리아에서 2명의 환자가 발생한 것이 마지막이었다. 1980년 세계보건기구가 두창이 지구상에서 사라졌다고 공식 발표함으로써 두창은 지구상에서 인류가 몰아낸 최초의 전염병이 되었다.

기회는 준비된 사람에게만 온다

19세기 후반 프랑스에는 닭콜레라가 유행하고 있었다. 이 병은 감염된 닭이 심각한 병색을 나타내면서 앓다가 며칠 버티지 못하고 죽게 되는, 치명적인 급성 질환이었다. 당시 통계에 따르면 닭콜레라는 닭 사망률의 10퍼센트를 차지할 정도였으므로 닭을 키우는 농부들은 오늘날 돼지를 키우는 사람들이 구제역을 걱정하듯이 항상 노심초사하며 긴장된 나날을 보내야만 했다.

이미 포도주를 만드는 과정에서 미생물에 오염되면 부패한다는 사실을 발견함으로써 농부들에게 도움을 준 바 있는 루이 파스퇴르는 1880년

실험실의 루이 파스퇴르.

에 닭콜레라를 해결하기 위한 연구를 시작했다. 그는 닭콜레라에 걸린 닭의 벼슬에서 소량의 피를 채취하여 따뜻한 닭고기 수프에 떨어뜨렸다. 며칠 후 현미경으로 수프를 관찰하자 세균이 많이 증식했음을 확인할 수 있었다. 이 수프를 떨어뜨린 빵을 닭에게 먹이자 닭은 닭콜레라 증상을 보이면서 죽었다. 현미경으로 관찰한 세균이 닭콜레라의 원인임이 판명된 것이다. 다시 한 번 실험을 반복하여 같은 결과를 얻은 파스퇴르는 닭콜레라의 원인균을 발견했음을 확신한 후 기쁜 마음으로 휴가를 떠났다.

휴가에서 돌아온 파스퇴르는 닭콜레라균이 포함된 수프를 다시 건강한 닭에게 먹였다. 그러자 닭은 닭콜레라 증상을 나타내는 듯하다가 차차 기력을 회복하더니 며칠 뒤 완전히 정상으로 회복했다. 병원균이 포함된 수프를 먹었지만 회복되는 이유를 찾던 파스퇴르는 제너의 종두법을 떠올렸다. 배양 후 여러 날이 지나는 동안 닭고기 수프에 담긴 닭콜레라균의 병원성이 약화되었고, 이로 인해 이 세균을 먹은 닭이 앓다가 회복된 것이다. 파스퇴르는 이 아이디어를 이용하여 닭콜레라 예방법을 개발하기로 했다.

다음 계획은 닭콜레라균이 배양된 닭고기 수프의 방치 기간을 달리하여 건강한 닭에게 먹인 후 증상을 관찰하는 것이었다. 실험 결과 닭콜레라균을 배양한 닭고기 수프의 방치 기간이 길어질수록 인위적으로 닭콜레라를 감염시킨 닭의 치사율이 낮아진다는 것을 알아냈다. 닭콜레라균의 병원성을 충분히 약화시킨 후 예방접종을 하면 닭콜레라균에 감염되더라도 아무 증상도 나타나지 않는다는 것을 확인했다. 즉 닭콜레라 예방법을 알아낸 것이다.

닭콜레라 예방 백신을 개발한 파스퇴르는 뒤를 이어 탄저 백신을 개발했다. 그리고 광견병에 걸린 개로부터 혈액과 침 등의 추출물을 얻은 후 토끼의 뇌에 주입하여 광견병을 인공적으로 발생시키는 실험을 진행했다. 토끼에게 주입된 미생물은 척수에서 그 수가 급격히 늘어났다. 광견병으로 죽은 토끼의 척수를 잘라서 공기 중에 건조시키면 서서히 독성이 약해진다는 사실을 확인한 파스퇴르는 시간 경과에 따른 광견병 바이러스의 독성을 측정하는 데 성공하였다. 하지만 당시에는 광견병에 걸리면 죽는 것이 당연한 일이었으므로 동물실험에 성공했다고 해서 사람에게 임상 시험을 할 수는 없었다.

수년이 지난 1885년 7월 6일, 광견병 개에 물린 9세 소년 메이스터가 어머니와 함께 파스퇴르를 찾아왔다. 아들을 불에 달군 쇠로 지지는 것을 허락할 수 없었던 어머니는 파스퇴르가 광견병 백신을 가지고 있다는 소문을 듣고 찾아온 것이다. 당시 광견병 걸린 개에게 물린 어린이를 치료하기 위해서는 대장간에서 불에 달군 쇠로 지져야 한다는 미신이 있었다.

파스퇴르의 백신은 안전성이 확실치 않았으므로 잘못하면 사망에 이를 위험이 있었다. 하지만 어머니의 적극적인 요청과 다른 과학자들의 격려로 파스퇴르는 메이스터에게 최초로 광견병 백신을 접종했다. 결과는 성공적이었다. 이때부터 광견병 예방은 물론 치료도 가능해졌다.

닭콜레라와 탄저는 세균에 의한 것이고, 발효는 진균에 의한 것이며, 광견병은 바이러스에 의한 것이다. 비록 미생물의 분류가 이루어지지 않은 시대였지만 파스퇴르는 미생물 전반에 걸쳐 학문적 진보를 가져오게 함으로써 '미생물학의 아버지'라는 별명을 얻게 되었다.

예방접종의 원리를 처음 발견한 사람은 제너였지만 이 원리를 토대로 다양한 전염병에 적용 가능한 백신을 개발한 사람은 파스퇴르였다. 파스퇴르가 있었기에 뒤를 이은 학자들도 계속 새로운 개념의 백신을 발견하게 되었다.

"기회는 준비된 사람에게만 온다."

뭔가 새로운 현상이 일어나면 그것이 무엇인지 확인할 수 있는 준비가 되어있어야 한다는 뜻으로, 파스퇴르가 남긴 명언이다.

백신 개발로 20세기에 가장 많은 생명을 구한 힐먼

1963년 3월 21일, 미국 펜실베이니아 주 필라델피아 외곽에 살고 있던 모리스 힐먼Maurice Hilleman 1919~2005은 다섯 살인 딸이 깨우는 바람에 새벽 1시에 잠이 깼다. 어린 딸이 아빠를 깨운 것은 갑자기 입과 목 사이에 통증이 생기며 부어올랐기 때문이었다. 의사는 아니었지만 감염 질환을 연구하는 일이 직업인 힐먼은 딸이 유행성이하선염볼거리에 걸렸음을 쉽게 알수 있었다. 힐먼은 딸을 달래 다시 잠들게 했다. 유행성이하선염은 합병증만 발생하지 않으면 시간이 해결해주는 전염병으로, 당시에는 무시하고 기다리는 것이 치료법이었다.

힐먼은 20대 초반에 결혼했지만 15년 이상 아기를 낳지 못했다. 뒤늦게 두 딸이 태어났지만 아내는 한 해 전에 세상을 떠난 상태였다. 울다 잠든 딸 제릴린 곁에는 당연히 자리를 지켜주어야 할 엄마가 없었고, 딸을 지켜보는 힐먼은 가슴이 아팠다. 기다리면 낫는 병이기는 하지만 예방을 할 수 있다면 더 좋겠다는 생각에 힐먼은 딸의 귀밑샘침샘의 하나에서 검체를 분리해 시료를 얻어냈다. 힐먼은 다음 날 아침 남아메리카로 장거리 여행을 떠났고, 약 한 달간의 여행을 마치고 집으로 돌아왔을 때 예상대로 딸은 완쾌되어 있었다.

귀밑에 있는 침샘이 부풀어 오르는 것은 유행성이하선염 바이러스가 이곳에서 자라나기 때문이다. 처음에는 한쪽 침샘이 커지지만 며칠 지나면 처음에 커진 침샘이 작아지면서 다른 쪽 침샘도 커지는 경우가 있다. 통증은 심하지 않은 편이고, 보통 일주일 정도 지나면 낫게 되지만 뇌수막염과 같은 합병증이 생기는 경우에는 치명적인 결과를 낳을 수도 있으므로 주의가 필요하다.

1960년대 미국에서 유행성이하선염은 한 해에 20만 명이 넘는 어린이들이 앓을 정도로 흔한 전염병이었지만 뚜렷한 해결책은 없는 상태였다. 이미 일본뇌염 백신을 개발하는 등 미생물학자로 명성을 쌓아가고 있던 힐먼은 여행에서 돌아온 후 딸에게서 얻은 검체로부터 바이러스를 분리했다. 이를 이용하여 유행성이하선염 백신을 개발했고, 제릴린의 동생 커스틴이 참여한 임상 시험을 거쳤다. 그리고 미국 FDA식품의약품안전처 승인을 얻어 1967년에 백신이 시판되었다. 그가 속한 머크 회사는 1971년부터 홍역, 유행성이하선염, 풍진 등 세 가지를 한꺼번에 예방할 수 있는 MMR 백신을 개발했고, 이것이 오늘날 어린이들이 세 가지를 동시에 접종받는 백신의 시초가 되었다.

이보다 앞서 1931년 미국의 막스 타일러Max Theiler 1899~1972는 에밀 폰

베링Emil von Behring 1854~1917이 디프테리아 혈청요법을 개발한 것과 같은 방법으로 황열 백신을 개발함으로써 1951년 노벨 생리의학상을 수상했다. 그는 남아프리카공화국에서 태어나 영국에서 의사가 되었고, 1922년부터 미국에 와서 황열을 포함한 열대의학을 연구했다. 그는 1927년에 원숭이, 1930년에 생쥐에게 황열을 감염시키는 데 성공했고, 1931년에는 약독화한 황열 백신을 제조함으로써 열대지방에 만연하던 황열을 예방할 수 있는 길을 터놓았다.

막스 타일러의 황열 백신 연구와 거의 비슷한 시기에 개발된 바이러스 배양법은 여러 가지 바이러스 질환에 대한 생백신 개발을 가능하게 하였다. 본격적으로 바이러스 백신 개발 시대에 접어든 것이다. 1950년대에 조너스 소크Jonas Salk 1914~1995가 포르말린으로 비활성화시킨 소아마비 백신을 개발하면서 바이러스 백신 개발은 한층 박차를 가하게 되었다. 1955년에 앨버트 세이빈Albert Sabin 1906~1993은 경구 투여할 수 있는 생백신을 개발하여 인류를 소아마비의 공포에서 해방시켰다.

일본뇌염에 이어 유행성이하선염 백신을 개발한 힐먼은 그 후 독감, A형간염, B형간염, 홍역 등 약 40가지 전염병에 대한 백신을 개발했다. 이것이 모리스 힐먼이 "20세기에 가장 많은 사람의 생명을 구했다."라는 평가를 받는 이유다.

21세기를 달굴 신개념의 DNA 백신

분자생물학의 발전은 DNA로부터 전해진 유전정보에 의해 단백질이 합성된다는 사실을 알려 주었다. **단백질 합성 능력을 지닌 운반체**vector에 대한 연구가 진행되면서 분자생물학 연구 방법도 발전하는 동시에 대부분의 실험실에 보편화되었다.

백신은 전염병을 예방하기 위해 개발된 것으로 사람의 면역 기능을 강화하여 그 기능으로 병원체를 물리치기 위해 사용된다. 과거에는 병원균을 직접 사멸하거나 살아있는 것을 약화시켜 사용했지만 최근에는 분자생물학적 지식을 이용하여 **DNA를 백신으로 사용하려는 연구**가 진행되고 있다. 제너의 종두법 이후 지금까지 200년이 넘는 기간 동안 발전해온 백신 제조 방법이 이제는 **유전정보를 가진 DNA만을 인체에 주입한 후 이 DNA로부터 면역 기능을 가진 단백질을 만들어 인체를 보호하는 방법**으로 발전하고 있는 것이다.

유전자gene 백신, 또는 핵산nucleic acid 백신이라고도 하는 **DNA 백신**은 예비 실험 결과, 기존의 백신들보다 훨씬 좋은 점들이 발견되었다. 즉 동물을 대상으로 한 예비 실험에서 근육에 주사한 DNA가 숙주세포 속으로 들어가서 단백질을 합성할 수 있다는 결과를 보여준 것이다. 이렇게 생산된 단백질은 지속적으로 숙주에서 면역반응을 자극하므로 백신과 같은 효과를 낼 수 있다.

DNA 백신은 생명체가 아니라 화학물질에 불과한 것이므로 더 안전하게 사용할 수 있다는 장점이 있다. DNA 백신으로 이용할 수 있는

DNA는 다양하다. 예를 들어 플라즈미드plasmid DNA를 피부나 근육 내에 주사하면 이 DNA는 인체의 면역 기능을 자극하는 효과가 있으므로 나중에 전염병을 일으킬 수 있는 병원균이 침입하는 경우 이 병원균에 대한 항체를 더 빨리, 더 많이 합성함으로써 예방 효과가 나타날 수 있다.

DNA 백신의 최대 장점은 안전하다는 것이다. DNA는 자체적으로 항원의 역할을 하지 못하므로 인체의 면역 체계에 감지되지 않는다. 인체의 면역기전을 자극하면서도 자신은 인체에 아무런 나쁜 영향을 끼치지 않으므로 기존의 백신보다 훨씬 안전하게 사용될 수 있다. 여기에 더하여 제조하기 쉽다는 점도 연구자들에게는 큰 매력으로 작용한다. DNA는 아주 안정된 물질로 온도 변화에 큰 영향을 받지 않는다. 백신 사고가 일어날 때마다 "백신 운반 및 보관 체계에 허점이 발견되었다."는 식의 보도를 접하게 되는데 DNA 백신은 그런 사고가 일어날 수 없다. DNA 백신은 저장, 운반, 보관이 용이하므로 당연히 유지비가 절감될 수 있고, 분자생물학적으로 DNA를 조작하여 새로운 유전정보를 포함시키는 데에는 비용이 많이 들지 않으므로 생산비도 절감할 수 있다. 이것이 바로 DNA 백신이 새로운 개념의 백신으로 주목받는 이유다.

DNA 백신이 이론적으로 많은 장점을 가지고 있음에도 불구하고 아직 일반화되지 못하고 있는 이유는 DNA가 동물세포 내에서 발현되는 기전이 아직 명확히 밝혀지지 않았기 때문이다. 따라서 실험실 및 동물실험으로 좋은 결과를 얻었다 하더라도 인체에 적용하기 위해서는 더 많은 연구가 이루어져야 하고, 특히 안전성에 대한 연구가 더 강화되어야 한다.

바이러스용 백신으로 암을 예방한다

통계청 자료에 의하면 자궁암은 여성에게 발생하는 암 중에서 일곱 번째로 높은 사망 원인이고, 위암, 유방암, 대장·직장암에 이어 네 번째로 자주 발생하는 암이다. 자궁은 해부학적으로 체부와 경부로 나뉘어지므로 자궁암도 자궁체부암과 자궁경부암으로 나눌 수 있다. 이렇게 구분하는 이유는 두 부위에서 암이 발생하는 원인, 증상, 조직학적 구조, 진단, 치료, 예후 등이 다르기 때문이다. 이 중 경부에 암이 생기는 경우가 전체 자궁암의 약 95퍼센트에 이르는데, 주로 자궁암이라는 말을 쓸 때는 '자궁경부암'을 의미하는 경우가 많다.

암이 발생하기 전에 세포는 이형성dysplasia, 정상적인 세포의 모양이 암세포와 유사한 모양으로 변하기 시작하는 현상이 먼저 나타난다. 이형성이 생긴 뒤 수년 후에 자궁경부암으로 발전하는 것이다. 세포에 이형성이 발생하는 가장 큰 원인은 인체유두종 바이러스Human Papilloma Virus, HPV에 감염되는 것인데, 인체유두종 바이러스 중에서도 특히 16형과 18형이 자궁경부암과 관련이 깊다.

바이러스가 암을 일으킬 수 있다는 사실은 1910년, 프랜시스 라우스에 의해 처음 알려졌다. 닭다리 근육에 발생한 육종 조직으로부터 분리한 물질을 닭다리에 주사한 결과 닭다리에 육종이 생긴 것이다. 그러나 당시 현미경의 성능은 세균보다 훨씬 크기가 작은 바이러스를 관찰할 만큼 좋지 않은데다 바이러스학이 발전하지 않았을 때였으므로 그의 연구 결과는 주목받지 못했다.

그러나 20세기 중반에 접어들면서 바이러스에 대한 지식이 늘어나자 라우스의 연구 결과가 재조명되었다. "바이러스가 암을 일으킨다."는 사실을 발견한 공로로 라우스는 1966년 노벨 생리의학상을 수상하였다. 이후 B형간염 바이러스^{간암}, C형간염 바이러스^{간암}, 엡스타인—바 바이러스^{Epstein-Barr virus, 임파종}, 헤르페스 바이러스^{비인강악성종양 등}, 인체유두종 바이러스^{자궁경부암} 등이 인체에서 암을 일으킬 수 있음이 알려졌다.

인체유두종 바이러스가 자궁경부암을 일으킨다는 사실을 발견하여 2008년 노벨 생리의학상을 수상한 하랄트 추어하우젠^{Harald zur Hausen} ^{1936~}은 노벨상 수상 연설을 통해 현재 알려진 것보다 훨씬 많은 종류의 바이러스와 다른 미생물들이 암을 일으킬 것이라고 경고한 바 있다.

그렇다면 암 발생의 원인이 되는 바이러스를 해결하기 위한 백신을 개발하여 투여하면 암을 억제할 수 있을까? 정답은 "그렇다."이다.

그럼 B형간염 예방접종을 받은 사람은 간암에 걸리지 않을까? 정답은 "아니다."이다.

왜냐하면 간암의 원인은 B형간염 바이러스만 있는 게 아니기 때문이다. C형간염 바이러스도 간암의 원인이 되며, 민물고기 회를 잘못 먹었을 때 감염될 수 있는 간흡충^{간디스토마}과 같은 기생충도 간암의 원인이 될 수 있다. 따라서 B형간염 백신을 접종받는 경우 B형간염에 의한 간암 발생은 억제될 수 있지만 다른 원인에 의한 간암 발생은 충분히 가능하다.

위에서 예를 든 인체에 암을 일으킬 수 있는 바이러스 중 B형간염과

C형간염 백신은 이미 개발되었다. 엡스타인–바 바이러스 백신은 유용한 것이 개발되지 않았으며, 헤르페스 바이러스 백신은 개발 중이다. 인체유두종 바이러스 백신은 이미 개발되어 시판되고 있는데, 이는 자궁경부암을 예방할 수 있다는 점에서 큰 기대를 받고 있다. 즉 자궁경부암은 예방을 위한 백신이 개발된 대표적인 암이다.

자궁경부암 백신을 접종받을 때는 다른 백신처럼 한 대 맞고 끝나는 것이 아니라 의사와 상의하여 접종 계획을 세우고 실천해야 한다. 적절한 교육을 받고, 오랜 기간 계속해서 의사와 만나면서 그 효과를 알아보는 것이 중요하다. 미국과 영국에서는 10대 소녀들에게 자궁경부암 백신 접종을 의무화할 것인가에 대한 논의가 진행 중이다. 효과가 있을 것으로 생각하면서도 선뜻 의무화하지 못하는 것은 백신을 사용한 지 얼마 되지 않았기 때문이다. 정확한 효과와 부작용을 판단하기 위해서는 더 많은 추적 조사가 필요하다.

특정 질병만 치료할 수 있는 물질

유사 이래 인류는 건강을 유지하기 위해 몸에 좋은 무엇인가를 섭취하곤 했다. 세계 곳곳에서 가장 많이 사용한 것은 약초이며, 오늘날에도 약초에 포함된 약효를 지닌 성분을 분리하여 신약을 개발하려는 연구는 끊임없이 시도되고 있다.

약효를 지닌 물질을 이용하여 질병을 치료하는 방법 중 질병에 걸린 생체 조직이나 장기의 기능을 정상으로 돌려놓는 방법을 약물요법이라 하고, 암세포나 미생물 병원체와 같이 인체에 쓸모없는 부위에 작용하여 이를 사멸하거나 제거하는 방법을 화학요법이라 한다. 그런데 화학요법에 사용되는 약제 중에서 인체에 전혀 해가 없는 경우는 흔치 않다. 숙주인체보다 병원체에 특이하게 작용하여 숙주에는 해가 아주 적으면서도 병원체에는 해를 가할 수 있는 경우가 대부분이다.

"면역 반응에 있어서 곁사슬 이론을 확립"한 공로로 1908년에 노벨 생리의학상을 수상한 파울 에를리히Paul Ehrlich 1854~1915는 매독의 특효약이라 할 수 있는 '살바르산 606호'를 개발함으로써 면역학에서 이룬 자신의 업적보다 "화학요법의 창시자"로 인정받게 되었다.

1878년 라이프치히 대학에서 의학사 학위를 받은 에를리히는 베를린 의과대학에서 색소에 대한 연구를 시작했다. 그가 하는 일은 색소를 산성, 염기성, 중성으로 분류한 다음 혈액 세포 내의 과립을 염색하고 관찰하는 일이었다. 1882년에 코흐가 결핵균을 발견하자 그는 코흐의 방법보다 개량된 염색법을 고안했고, 이때의 인연으로 1890년부터 코흐가

프랑크푸르트의 연구실에서 연구에 몰두하고 있는 파울 에를리히.

소장으로 있던 베를린 전염병연구소에서 연구를 하게 되었다. 이때 면역학 연구를 시작한 것이 1908년에 노벨 생리의학상을 차지하는 계기가 되었다.

당시 독일에서는 유기화학이 크게 발전하면서 염료 공업에서 얻은 화학 지식을 의학 연구에 이용하기 시작했다. 이에 따라 그때까지 알려지지 않은 새로운 물질들을 추출할 수 있는 방법이 계속 개발되었다. 에를리히는 인체에 해가 없으면서 병원성 미생물만을 선택적으로 파괴할 수 있는 물질을 찾을 수 있으리라는 희망을 가지고 이 분야의 연구를 진행하였다.

베링이 혈청요법을 완성시키는 데 도움을 주기는 했지만, 에를리히는 많은 병원성 미생물로 인해 발생하는 질환들, 특히 원생동물에 의한 질병에는 혈청요법이 좋은 결과를 보여주지 않는다는 것을 알아냈다. 그리고 그는 대안으로 화학요법을 떠올렸다. 에를리히는 병원체를 염색하는 과정 자체가 병원체와 염료의 화학반응에 의한 것이므로 염색 과정에서 병원체에 해를 입힐 수 있는 염료가 발견될 수 있을 것이라는 생각을 했다.

처음에는 가축에게 질병을 일으키는 트리파노소마^{trypanosoma}를 사멸시킬 수 있는 물질을 찾아내고자 노력했으나 좋은 결과를 얻지 못했다. 그는 이에 굴하지 않고 자신이 합성한 비소화합물의 하나인 아톡실을 트리파노소마 치료에 사용했다. 418번째로 합성한 물질인 아톡실은 효과도 낮고, 재발되기 쉬우며 심각한 부작용이 있었다. 에를리히는 이 문제를 해결하기 위해 아톡실의 구조를 바꾸어 수많은 유도체를 합성하기 시작하였다.

1905년에 매독을 일으키는 스피로헤타^{Spirochaeta}균이 분리되자 에를리히는 매독균에 감염된 원숭이를 실험동물로 이용하여 매독균을 사멸시킬 수 있는 화학요법제를 찾아내려고 노력했다. 이 과정에서 606번째로 합성된 비소화합물인 아르스펜아민이 매독균에 감염된 토끼에게 효과를 나타냈다. 에를리히는 이 약제에 대해 1909년에 특허를 받은 후 동물실험과 임상 시험을 거쳐 1910년 4월에 발표하였다. 에를리히는 단순히

606호라 부르던 이 약제를 살바르산salvarsan이라 명명하였다. 이후 연구를 계속 진행하여 더 나은 약제를 얻고자 노력한 결과, 쉽게 합성할 수 있으면서도 용해성이 높고 투여 방법이 간편한 물질을 발견하였다. 이것을 새로운 살바르산이라는 뜻에서 네오살바르산neosalvarsan이라 명명하였다.

상품명은 살바르산이지만 흔히 '살바르산 606호'라는 이름으로 유명한 이 약제는 숙주에는 해가 없이 병원체만 선택적으로 파괴할 수 있는 물질인 '마법의 탄환'을 찾으려던 에를리히의 목표를 충족시켜준 최초의 화학요법제이다. 에를리히는 약제의 특허권을 훽스트Hoechst 제약회사에 넘겨 널리 이용되도록 했다.

공포의 대상에서 치료의 대상으로

주변에 있는 사람에게는 아무 피해도 입히지 않고, 쏜 사람이 표적으로 한 사람만 맞힐 수 있는 총알이 있다면 너무나도 환상적일 것이다. 마찬가지로 인체에 특정 전염병이 있을 때 다른 부위에는 작용하지 않고 병원체에만 결합하여 사멸시키는 물질이 있다면 어떨까. 아무 부작용 없이 전염병을 치료하는 일이 가능해질 것이다. 에를리히는 염색이라는 과정이 전염병 치료제의 발견 가능성을 보여주는 과정이라 생각했고, 그의 신념은 그를 성공의 길로 이끌어주었다.

에를리히는 자신이 생각해낸 방법을 '마법의 탄환'이라 불렀다. 독소를 해결하기 위해서는 항독소를 사용하면 되고, 특정 부위를 염색하기 위해서는 그 부위에 잘 결합하는 특정 염색약을 사용하면 되듯이, 전염병을 일으키는 특정 병원체에 감염되면 그 병원체를 선택적으로 사멸시킬 수 있는 물질을 찾아내면 된다고 에를리히는 생각했다. 이는 당시 독일의 제약 산업이 추구하는 바와 맞아떨어져, 에를리히 이후의 학자들도 새로운 마법의 탄환을 찾아내겠다는 생각을 갖게 되었다.

병리학, 혈액학, 면역학 등에서 수많은 업적을 남긴 에를리히였지만 화학요법제를 찾은 이후에는 오직 새로운 화학요법제를 찾아내는 일에만 심혈을 기울였다. 그러나 안타깝게도 살바르산 606호 이후 그의 연구는 성공을 거두지 못했고, 그는 1915년에 세상을 떠났다. 전염병의 원인균을 발견하고, 예방접종을 시도하는 것이 전부였던 시기에 그는 일단 감염이 되더라도 운에 맡길 것이 아니라 치료를 할 수 있다는 가능성을 보여주었다. 그의 업적으로 의학자들의 관심사가 원인균 발견에서 치료제 개발로 전환되었다.

1930년까지 약 20년 동안 항균제 개발이라는 시도는 별다른 성과가 없었다. 이 시기에 발견된 약제 중 효용가치가 있었던 것은 말라리아 치료제로 개발된 퀴나크린quinacrine, 아테브린atebrin과 플라스모힌plasmochin이 전부라고 할 수 있다.

에를리히에 이어 후속타를 터뜨린 사람은 같은 독일의 게르하르트 도마크Gerhard Domagk 1895~1964였다. 에를리히와 마찬가지로 색소 유도체에 관심이 있었던 그가 프론토질prontosil을 발견하여 실용화한 것이 두 번째 화학요법제의 개발을 알리는 신호탄이었다. 그로부터 얼마 지나지 않아 곰팡이에서 발견된 물질인 페니실린이 실용화되면서 마법의 탄환은 반드시 합성해야 하는 것이 아니라 자연계에도 존재하고 있다는 사실이 알려졌다. 또한 합성한 화학물질이 특정 전염병에 효과를 지닌다면 그 화학물질로부터 다양한 유도체를 합성하는 경우 더 좋은 효과를 가진 약을 개발할 수 있다는 사실도 곧 알려졌다.

도마크의 프론토질 발견과 알렉산더 플레밍Alexander Fleming 1881~1955의 페니실린 발견은 마법의 탄환을 찾으려는 의학자들의 욕구를 더욱 자극했다. 그로 인해 20세기 중반을 지나면서 인류는 전염병 공포에서 거의 해방되었다. 전염병이 공포의 대상에서 치료의 대상으로 위치가 바뀐 것이다.

2차 세계대전에서 처칠의 목숨을 구한 프론토질

1895년 독일에서 태어난 도마크는 1914년에 킬대학에 입학하여 의학 공부를 시작했다. 그러나 곧 1차 세계대전이 발발하는 바람에 야전병원의 위생병으로 종군하게 되었다. 4년 반 동안의 야전 의무병 생활은 전쟁터에서 군인들이 전염병에 얼마나 취약한지 경험하게 했다. 전쟁의 참담함과 인간의 무기력함을 목격한 그는 전염병 해결을 위해 젊음을 투자하겠다는 목표를 세웠다.

1921년에 의과대학을 졸업한 그는 병리학으로 진로를 정했고, 1925년에 뮌스터대학교 병리학 강사로 부임하여 병리학에 관한 연구를 진행하면서 화학요법제에도 관심을 가지기 시작했다. 1927년 우연히 세포병리작용에 관한 도마크의 논문을 접한 바이어 제약회사의 연구소장은 도마크를 실험실에 초빙한다. 도마크는 체내에 침입한 세균에 대항하여 인체 세포가 반응하는 과정에 탐식 작용을 비롯한 병리학적 기전이 아주 중요하다는 주장을 펼쳤다. 대학교수로서의 생활에 만족하고 있던 도마크는 바이어 사의 스카우트 제의를 거절하는 대신 공동연구를 하기로 약속했고, 이때부터 화학요법제를 본격적으로 연구하기 시작했다.

바이어에서 합성한 염료인 아조화합물의 약리학적 효과를 알아내는 연구를 진행한 그는 1932년 술폰아마이드기를 가진 빨간색 프론토질이 포도알균과 용혈성 폐렴연쇄구균에 항균작용을 일으킨다는 사실을 최초로 발견했다. 이 약은 동물실험과 임상 시험을 거쳐 1935년부터 상품으로 판매되기 시작했고, 2차 세계대전에서 다친 병사들을 치료하는 데 혁혁한 공을 세웠다. 그는 "세균에 대한 화학요법을 개발한 공로"로 1939년 노벨 생리의학상 수상자로 결정되었으나 나치 정부의 방해에 의해 수상을 하지 못했다.

"자율신경계에 작용하는 약물을 발견"한 공로로 훗날 1957년 노벨 생리의학상을 수상하게 되는 이탈리아의 다니엘 보베Daniel Bovet 1907~1992는 도마크의 논문 발표 직후 프론토질의 항균 작용은 장내 미생물에 의해 분해되면서 생성된 설파닐아마이드에 의해 나타나는 것이라는 논문을 발표하였다. 이에 따라 수많은 연구자들이 프론토질 자체보다는 설파닐아마이드의 항균 효과를 극대화할 수 있는 유도체를 찾아내기 위한 연구를 진행했다. 현재 사용되고 있는 설파제sulfa drug라는 용어는 이 과정에서 개발된 약제들을 통틀어 일컫는 말이다. 오늘날에도 효과적인 약물이 하나 발견되면 그 약효를 극대화하고 부작용을 최소화할 수 있는 유사한 물질을 찾아내기 위해 수많은 유도체를 합성하고 그 효과를 검증하는 과정을 거친다. 이 과정에서 더욱 효능이 향상된 물질이 발견되어 상품으로 발매되는 것이다.

도마크가 뛰어난 업적을 남겼다는 것은 후대 학자들에게 미친 영향을 통해서도 알 수 있다. 플레밍이 발견했으나 사장되다시피 한 페니실린의 효능이 하워드 플로리Howard Florey 1898~1968와 에른스트 체인Ernst Chain 1906~1979에 의해 재시험된 것도 도마크의 동물실험 방법이 동기부여를 했기 때문이었다.

도마크 역시 "기회는 준비된 사람에게만 온다."는 파스퇴르의 명언과 딱 맞는 사람이었다. 처음 바이어 사로부터 공동연구 제의를 받고 적색염료로 개발된 아조화합물로 세균을 염색하던 중의 일이었다. 우연히 세균용 배지에 떨어진 색소 주위로 세균이 증식되지 않는 것을 발견한 것이다. 이를 놓치지 않은 도마크는 이 염료가 항균 효과를 지니고 있음을 알아냈다.

한편 프론토질의 항균력을 발견한 후 임상 시험을 준비하고 있을 때 그의 딸이 바늘에 찔린 부위에 세균이 감염되어 패혈증혈액 속에 병원성 세균이 증가하여 혈액 및 장기가 기능을 잃고 사망에 이르게 되는 무서운 질병에 이르는 사고가 발생했다. 뚜렷한 치료제가 없던 시기에 그는 자신이 확인한 물질을 딸에게 주입하여 성공을 거둠으로써 자신 있게 임상 시험에 이은 상품화를 추진할 수 있었다.

2차 세계대전이 한창이던 1943년에는 심한 폐렴에 걸린 영국 수상 처칠이 설파제를 사용하여 목숨을 건졌다. 도마크가 발견한 항균제가

2차 세계대전에서 연합국의 승리를 이끌었다는 신문 기사가 나올 정도로, 그의 발견은 높은 평가를 받았다. 도마크의 프론토질은 전쟁의 판도와 인류의 역사를 바꾸었다.

이야기록
노벨상을 거부한 도마크

1939년 노벨 생리의학상 수상자로 선정된 도마크는 수상을 거부하였다. 그런데 노벨상의 권위를 익히 알고 있던 도마크가 수상을 거부한 것은 그의 뜻이 아니었다. 도마크보다 한 해 앞서 노벨 화학상 수상자로 선정된 리하르트 쿤Richard Kuhn과 같은 해에 노벨 화학상 수상자로 선정된 아돌프 부테난트Adolf Butenandt의 경우와 마찬가지로 독일의 나치 정부가 수상을 방해한 것이었다.

독재자 히틀러는 자신에게 비판적인 언론가 칼 오시에츠키Carl von Ossietzky가 1935년 노벨 평화상 수상자로 선정되자 세계인이 자신과 나치 독일을 부정하는 것이라고 생각하여 기분이 나빠졌다. 그래서 독일인들의 노벨상 수상을 막기 위해 비밀경찰을 보내 수상자를 연금하곤 했다. 이 사실을 알고 있던 노벨위원회에서는 독일 정부에 도마크의 시상식 참석을 허락해 달라고 요청했으나 독일 정부는 '참석불가'라는 결정을 내렸다.

그런데 소식을 듣지 못한 도마크는 노벨 생리의학상를 주관하는 카롤린스카 연구소에 시상식 참석을 통보했다가, 시상식을 약 한 달 앞두고 독일의 비밀경찰에 의해 구금되었다. 1주일 후 노벨상 수상을 거부한다는 내용 아래 도마크의 서명이 담긴 서류가 노벨위원회에 도착했다.

2차 세계대전이 끝나고 평화가 찾아온 1947년 12월 10일, 도마크는 노벨상 시상식에 참석하여 기념 상장과 메달을 받았다. 1년 내에 찾아가지 않는 상금은 노벨 재단에 귀속된다는 노벨상 규정에 따라 그의 상금은 이미 재단에 귀속된 후였지만, 그는 8년 만에 주어진 그의 업적에 대한 찬사를 수많은 사람들 앞에서 영광스럽게 받아들였다.

노벨상이 제정된 지 한 세기가 지난 지금 노벨상은 누가 뭐라 해도 현재 지구상에 존재하는 상 중 최고 권위의 상이다. 세계 각국이 한 명의 수상자라도 더 배출하기 위해 로비를 한다는 소문이 일 정도로 이 상을 향한 경쟁이 치열하다.

그런데 노벨상의 역사에는 나치 정권에 의해 구금당한 독일인들 외에도 수상을 거부한 이들이 있었다. 본인들이 수상을 거부하더라도 선정이 취소되고 다른 사람이 다시 선정되는 것은 아니지만, 노벨상 수상을 거부했던 인물은 여섯 명에 이른다.

1938년 노벨 화학상: 쿤Richard Kuhn 1900~1967, 독일

1939년 노벨 화학상: 부테난트Adolf Fridrich Johann butenandt 1903~1995, 독일

1939년 노벨 생리의학상: 도마크Gerhard Johannes Paul Domagk 1895~1964, 독일

1958년 노벨 문학상: 파스테르나크Boris Leonidocich Pasternak 1890~1960, 소련

1964년 노벨 문학상: 사르트르Jean-Paul Sartre 1905~1980, 프랑스

1973년 노벨 평화상: 레 둑 토Le Duc Tho 1911~1990, 베트남

이 중에서 히틀러의 방해로 상을 받지 못한 세 명의 독일인은 2차 세계대전이 끝나고 히틀러가 세상을 떠난 후에야 비로소 상장과 메달을 받을 수 있었다. 그러나 소련 정부의 방해로 제때에 상을 받지 못한

파스테르나크는 세상을 떠날 때까지 상을 받지 못했다.

　이들과 달리 사르트르는 작가의 표현을 심사하는 것이 자신이 추구하는 이념과 맞지 않아서 수상을 거부했다고 한다. 베트남 평화협상에 대한 공로로 헨리 키신저와 함께 평화상 수상자로 선정된 레 둑 토는 자신의 모국에 전쟁이 끝나지 않았다는 이유로 수상을 거부하였다.

미생물이 가지고 있는 항균성 물질

1870년 10월, 영국 세인트메리병원의 연구원인 존 샌더슨[John Sanderson 1828~1905]은 페니실린 속 곰팡이에 오염되어 있는 물을 멸균하면 세균이 포함되어 있는 공기에 노출되더라도 배양액이 혼탁해지지 않는다는 사실을 발견했다. 그는 곰팡이의 항생작용에 의해 세균이 자라지 못하는 결과를 곰팡이가 자라지 않는 것으로 잘못 해석하여 "곰팡이만 공기로 전염될 수 있고 세균은 공기로 전염되지 않는다."라는 잘못된 주장을 했다. 하지만 결과적으로 샌더슨은 곰팡이의 멸균 효과를 발견한 최초의 인물이 되었다.

수술 시 무균 처리를 해야 한다고 주장한 조지프 리스터[Joseph Lister 1827~1912]와 파스퇴르도 특정 미생물이 존재하면 다른 미생물이 자라지

곰팡이의 항균력을 연구하다가 페니실린을 발견한 알렉산더 플레밍.

못한다는 사실을 발견했다. 1889년에 장 폴 뷔유맹[Jean Paul Vuillemin 1861~1932]은 공생에 반대되는 개념으로 항생[antibiosis]이라는 용어를 처음 사용했고, 그 후 여러 학자들이 곰팡이가 항균 효과를 지닐 것이라는 논문을 발표하면서 항생제 개발을 눈앞에 두고 있었다.

1881년 스코틀랜드에서 태어난 알렉산더 플레밍은 1901년에 세인트매리 의과대학을 졸업한 후 세균학을 연구했

다. 1차 세계대전이 일어나자 야전병원에서 파견근무를 하면서 석탄산[페놀]과 같은 살균제의 효과가 기대에 미치지 못하여 전염병으로 생명을 잃는 부상병들이 많다는 사실에 자극받았다. 그는 전쟁이 끝난 후 효과적인 살균제를 찾는 연구를 시작했다.

1928년, 플레밍은 곰팡이의 멸균 능력을 가진 물질을 분리하려는 연구를 진행했다. 하지만 항균력을 지닌 물질을 발견하기는 했으나 그 효과가 작은 것에 실망하여 곰팡이로부터 유효한 성분을 찾아내려는 연구를 중단해버렸다. 그는 자신이 다루고 있는 물질이 포도알균, 폐렴연쇄구균, 뇌막염균, 임질균, 디프테리아균 등에 효과가 있다는 사실을 발견했지만 "곰팡이로부터 얻은 물질의 항균력이 우수하기는 하나 생체 내에서는 효과가 없을 것"이라는 논문을 발표한 후 연구를 중단한 것이다. 곰팡이의 배양액이 항균 효과를 나타낸다는 연구 결과는 가끔씩 발표되고 있었으므로 이것은 다른 학자들의 관심을 끌지 못했다.

수년 후 도마크의 연구 결과를 알게 된 플레밍은 세균 감염을 해결하기 위해서는 화학요법에 사용할 항생제는 합성을 통해 얻어야 한다는 생각을 했다. 곰팡이와 같은 생명체로부터 항생물질을 얻는다는 것이 불가능하다는 것이 그의 생각이었고, 그의 연구 결과는 수년 후 플로리와 체인이 관심을 가져줄 때까지 수면 상태에 들어갔다.

운에 의한 발견과 잠자던 페니실린의 재등장

잠자고 있던 플레밍의 연구 결과를 세상 밖으로 끌어낸 이는 플로리와 체인이었다. 오스트레일리아에서 태어나 영국과 미국에서 활동한 하워드 플로리와 독일의 에른스트 체인은 옥스퍼드대학교에서 만나 함께 연구를 진행했다. 이들은 플레밍이 연구한 리소자임lysozyme을 정제하고 작용기전을 알아내는 일에 관심을 가지고 있던 중 항생물질에 대한 플레밍의 연구를 알게 되었다.

둘은 플레밍의 페니실린 실험 방법을 변형하여 재시험하면 더 좋은 결과를 얻을 수 있을 것이라는 기대를 했다. 왜냐하면 플레밍은 용량에 대한 고려를 전혀 하지 않은 채 작용 시간만을 측정했고 효과를 나타내는 양을 결정하지 않은 채 대충 설정한 양을 실험에 이용했다. 또한 투여

1944년 옥스퍼드대학교 연구실의 에른스트 체인. 체인은 하워드 플로리와 함께 옥스퍼드대학교에서 플레밍의 연구를 발전시켰다.

방법에 대한 고민도 하지 않았기 때문이다. 플로리와 체인은 과학적인 연구 디자인에 문제가 있다고 생각했다.

1940년 5월, 재시험을 통해 플로리와 체인은 병원성 세균에 감염된 쥐에서 페니실린의 항생 효과를 입증할 수 있었으며, 이를 8월에 논문으로 발표하였다.

플로리와 체인은 페니실린을 대량 정제하기 위해 노력했으며, 1941년 2월에 포도알균에 감염된 환자를 대상으로 임상 시험을 실시하여 8월에 논문으로 발표하였다. 임상 시험을 계속하기 위해 필요한 대량생산은 미국에서 이루어졌다. 이로써 플레밍이 연구하고 잠재워버린 페니실린이 잠에서 깨어났다. 1943년부터 인류역사상 최초의 항생제로 전염병 치료에 이용되기 시작한 것이다. 이후 페니실린에 대한 연구가 계속되어 같은 해에 다양한 유도체와 구조도 알려졌다.

당시 사용된 페니실린은 천연곰팡이에서 분리한 것이었지만, 현재는 천연물보다 더 많은 병원성 세균에 효과가 있고 부작용이 적어서 안전하게 사용할 수 있는 반합성 페니실린을 사용하고 있다. 반합성이란 천연원료인 6-APA^aminopenicillanic acid를 원료로 하여 합성한 것을 가리킨다. 페니실린은 값싸고, 투여하기 쉽고, 부작용이 나타나는 경우가 희박하므로 곧 널리 이용되기 시작했다. 특히 매독에도 효과가 좋아서 살바르산 606호를 대신하기 시작했다.

플레밍은 차분하게 연구에 집중하는 스타일이 아니었다. 그래서 그가 페니실린 발견자라는 사실이 알려지자 많은 사람들이 그의 발견은 노력이 아니라 행운이었다는 주장을 하기 시작했다. 인류를 구한 위대한 발견을 단순히 행운으로 깎아내리는 것은 바람직한 일이 아니지만 실제로 그의 발견 과정에는 행운이 많이 따르기도 했다.

첫째, 그의 배양액을 오염시킨 곰팡이는 아래층 실험실에서 알레르기 백신 제조를 연구하는 데 이용되던 것이었다. 만약 아래층에서 그런 연구를 하지 않았다면 그의 발견은 없었을 것이다. 아래층에서 날아온 곰팡이는 페니실린 속에 속하는 곰팡이 중에서도 아주 드문 페니실리움 노타툼Penicillium notatum이었다. 둘째, 휴가 중이었던 플레밍이 배양용기를 배양기에 넣지 않고 실험대 위에 그대로 놓아 둔 것이 곰팡이의 오염을 가능하게 했다. 배양용기는 배양기에 넣어 두는 것이 상식이며 그랬으면 그의 발견은 이루어지지 않았을 것이다. 셋째, 그해 여름이 다른 해보다 쌀쌀했던 것도 행운이었다. 날씨가 따뜻하면 곰팡이보다 세균이 잘 자라므로 곰팡이의 항균 효과는 기대할 수 없었다. 넷째, 페니실린의 효과가 나타난 직후부터 무더운 날씨가 계속됨으로써 오염되지 않은 배양용기에서는 세균들이 잘 자랄 수 있었고, 이로 인해 곰팡이에 의해 균이 자라지 않은 것이 쉽게 플레밍의 눈에 뜨일 수 있었다. 다섯째, 휴가를 마치고 돌아온 플레밍이 즉시 배양용기를 세척하지 않고 배지에 생긴 곰팡이 반점을 발견한 것이 마지막 행운이었다.

플레밍과 마찬가지로 플로리와 체인의 발견에도 행운이 뒤따랐다. 첫째, 그들은 항생제를 발견하기 위한 연구를 한 것이 아니라 우연히 발견한 플레밍의 논문에 허점이 많아서 뭔가 흥미로운 연구 결과를 얻기 위해 연구를 시작한 것이었다. 둘째, 기니피그guinea pig 대신 특별한 이유 없이 생쥐를 실험동물로 선택한 것이 성공 요인이었다. 페니실린은 당시에 흔히 사용하던 기니피그에게는 독성이 있었지만 생쥐에게는 독성이 없었으므로 좋은 연구 결과를 얻을 수 있었다. 셋째, 그들이 추출한 페니실린에는 불순물이 많이 포함되어 순도가 1퍼센트에 불과했다. 만약 99퍼센트의 불순물 중 독성 물질이 포함되어 있었다면 페니실린은 탄생하지 않았을 것이다.

그런데 이렇게 페니실린 발견자 세 명의 행운을 나열하다 보니 행운
도 아무에게나 찾아오는 것은 아닌 것 같다. 오직 그 행운을 이용할 수
있는 사람에게만 찾아오는 것이다.

새로운 항생제를 찾아서

페니실린은 경제적이고 효과가 좋은 약물로, 의약품의 역사에서 중요한
위치를 차지한다. 게다가 곰팡이는 종류가 아주 다양하므로, 항생물질이
한 가지만 존재하지는 않을 것이고 따라서 다양한 종류의 항생물질이
존재할 것이라는 희망을 인류에게 가져다주었다. 실제로 이 희망은 현실
이 되었다. 인류는 전염병의 공포에서 완전히 해방될 수 있을 것이라는
새로운 희망을 가지게 된 것이다.

페니실린 발견 이후 수많은 연구자들이 미생물로부터 화학제제를
얻고자 연구를 계속했고, 이와 같은 노력은 지금도 계속되고 있다. 최초
의 화학요법제를 발견한 에를리히는 다른 업적으로 노벨 생리의학상을
수상했지만 프론토질 발견자 도마크와 페니실린 발견자 세 명은 모두 그
업적으로 노벨 생리의학상을 수상했다. 이들은 독창적인 연구로 인류에
게 도움이 될 훌륭한 업적을 남겼으니 노벨상 수상이 당연한 것으로 여
겨졌다. 하지만 페니실린 발견 과정을 답습하여 곰팡이로부터 스트렙토
마이신을 발견한 셀먼 왁스먼Selman Waksman 1888~1973이 1952년 노벨 생리의
학상 수상자로 결정되었을 때 독창성이 부족하다는 점에서 약간은 의외

라는 반응이 많았다.

1888년 러시아에서 태어나 1910년에 미국으로 건너온 왁스먼은 농학을 전공한 후 1920년에 레트거즈대학의 토양미생물학 교수가 되었다. 1927년에 《토양미생물학 원리》라는 저서를 발표하여 유명해진 그는 1930년대 후반부터 항생제를 찾아내는 연구에 착수했다. 그의 연구 방법은 여러 세균을 각각 배양하면서 흙을 배지에 첨가시켜 세균 증식에 어떤 영향을 미치는지 관찰하는 것이었다. 흙 속에는 수많은 미생물이 포함되어 있으므로 그 미생물에 들어 있는 항생 효과를 지닌 물질을 찾아내고자 한 것이다. 이것은 수많은 작업이 반복되어야 하는 노동집약적이고 재미없는 일이었지만 그는 새로운 항생제 개발이라는 분명한 목표를 가지고 있었다.

1939년 프랑스의 르네 뒤보스René Dubos 1901~1982는 땅속에 대량으로 존재하고 있는 브레비스균Bacillus brevis으로부터 먹으면 효과가 없지만 정맥에 주사하면 포도알균과 폐렴연쇄구균에 효과를 지닌 그라미시딘이라는 물질을 발견했다. 이 연구는 왁스먼에게 큰 자극제가 되었다. 이미 플레밍의 페니실린은 광범위하게 사용되고 있었으나, 페니실린의 효과가 확인될수록 페니실린으로 해결할 수 없는 미생물도 여러 방면으로 확인되었기에 왁스먼은 완벽한 항생제를 찾는 것을 최종 목표로 삼았다.

자신이 시험한 이루 헤아릴 수 없을 만큼 많은 미생물 중에서 방선균Streptomyces griceus의 일종이 특히 왁스먼의 관심을 끌었다. 이 미생물의 배양액에서 추출해낸 항생물질은 페니실린으로 해결할 수 없던 장티푸스, 결핵균을 비롯하여 많은 세균에 효과가 있음이 판명되었다. 우연히 발견한 이 균주가 기대 이상의 좋은 효과를 가지고 있다는 사실에 왁스먼을 비롯한 모든 실험실 연구원들은 그동안의 노력에 대한 값진 보람을 얻을 수 있었다. 1943년 방선균으로부터 항생제 추출에 성공한 왁스먼은 다음 해에 스트렙토마이신이라는 이름을 붙인 약을 세상에 소개하였다. 이렇게 해서 새로운 항생제가 만들어진 것이다. 이것이 오늘날 아미노글리코시드라 부르는 항생물질이다.

1943년 스트렙토마이신을 찾아내기에 앞서 왁스먼은 액티노마이신[1940]을 찾아냈고, 그 후에 글리세인[1946], 네오마이신[1948]을 비롯한 여러 가지 항생제를 더 찾아냈다. 노벨상을 수상한 왁스먼은 1952년에 미국 세균학회에서 세균이 분비하는 항균물질을 항생제antibiotics라 명명하자고 제의하여 동의를 얻었고, 오늘날 우리가 사용하는 명칭으로 자리 잡게 되었다.

왁스먼은 스트렙토마이신을 발견함으로써 1952년에 노벨 생리의학상을 수상했는데, 다양한 세균에 효과가 있는 스트렙토마이신이 특히 관심을 끌게 된 것은 결핵에 효과가 탁월했기 때문이다. 당시 전염병 중 가장 큰 사망 원인이었던 결핵이 왁스먼에 의해 그 위력을 잃게 되면서 비록 독창성에서는 좋은 점수를 얻지 못했지만 공헌도에서 워낙 뛰어나 노벨상을 수상할 수 있었던 것이다.

산업혁명 이후 도시화가 이루어지면서 백색의 페스트라는 별명을 얻을 정도로 무시무시한 전염병의 하나이던 결핵은 한 번 감염되면 서서히 증세가 악화되면서 결국에는 죽음에 이르는 병으로 알려져 있었다. 그러나 왁스먼이 발견한 스트렙토마이신은 인류에게 공포감을 줄여주었다. 결핵은 그 후에 발견된 여러 결핵치료제에 의해 지금은 서서히 감소하는 전염병이 되었다. 스트렙토마이신은 결핵 외에도 백일해, 장내구균성 심내막염, 페스트, 야토병, 브루셀라 감염증 등에 이용되고 있다.

20세기 후반에 새로 등장한 항생물질

세균의 성장 및 발육을 억제 혹은 사멸시키는 물질을 총칭하여 항균제라 한다. 항균제 중에는 **미생물 내에 존재하면서 미생물 간의 생존경쟁 시 서로 길항작용을 일으키는 과정에 관여하는 항생제와 물질과 화학적인 합성 공정을 거쳐 인위적으로 제조한 합성화학제재가** 있다. 그리고 합성한 화합물이 아니면서 미생물에서 얻은 물질도 아닌 천연화합물도 있다. 이를 간단히 '화학요법제'라 하고, 합성화학제재를 여기에 포함시키기도 한다.

항생제는 미생물 중 세균에만 효과가 있다. 반면 곰팡이는 종양과 바이러스의 성장을 억제하는 기능을 가진 물질도 보유하고 있다. 이것은 20세기 후반에 곰팡이로부터 새로운 항생제를 찾는 과정에서 발견되었다. 항균 효과를 지니지는 않았지만 인체에 특이한 약리작용을 하는 물질이 발견되면서 이를 의학적으로 이용할 가능성이 관심을 끌고 있다. 이 물질들은 미생물의 생육에 필수적인 것이 아니므로 '미생물의 2차 대사산물'이라고 하며, 항생물질도 여기에 포함되는 것으로 구분한다.

지금까지 발견된 항생물질은 약 5,000개 정도이며 이를 토대로 3만 가지 이상의 유도체가 만들어졌고, 이 중 50종 이상이 임상적으로 사용되고 있다. 왁스먼의 스트렙토마이신 발견 이후 다른 미생물에 효과를 지닌 물질도 계속 발견됨으로써 이제는 진균으로부터 세균, 리케차, 바이러스, 암세포의 증식을 억제하는 물질을 분리하는 데 성공했다.

여러 미생물에 공통적으로 사용 가능한 클로람페니콜이 1945년에 발견되었고, 뒤를 이어 클로르테트라사이클린[1948], 옥시테트라사이클린[1950], 에리스로마이신[1952] 등이 발견되었다. 이들은 다양한 세균에 사용 가능하고, 경구 투여가 가능하다. 사용하기 쉬워진 것은 항생제 사용을 증가시키는 데 기여했다. 항진균제로는 니스타틴[1950], 트리코마이신[1951] 등 여러 가지가 계속 발견되었으나 간이나 신장에 독성을 일으키는 것들이 많아서 먹기보다는 감염 부위에 바르는 외용으로 사용되고 있다. 사르코마이신[1953]이 발견된 이래 미생물로부터 얻은 종양치료제도 계속 개발되고 있다.

내성균 출현과 병원감염의 증가

왁스먼의 스트렙토마이신 발견은 결핵이라는 오랜 골칫거리를 해결할 수 있다는 희망을 심어주었다. 그 후 이소니아지드, 파스와 같은 다른 결핵 치료제도 상품화되기 시작했다. 결핵 치료의 가장 큰 어려움은 치료 기간이 길다는 점이다. 결핵은 하루아침에 나빠지는 병도 아니지만 아무리 좋은 약을 사용한다고 해도 쉽게 증상이 호전되지도 않는 질병이다. 처음 결핵 치료약이 개발되었을 때는 2년 이상 약을 투여하도록 했다. 그런데 환자가 혼자서 오랜 기간 약을 먹다 보니 어느 정도 상태가 호전되는 듯하면 임의로 사용을 중지하는 경우가 많았고, 그 결과 호전되는 듯하던 질병이 더 악화되는 경우가 많았다.

어떻게 하면 환자에게 간편하게 약을 투여하면서도 치료 효과를 높일 수 있을 것인가를 연구하던 학자들은 작용기전이 다른 몇 가지 약제를 동시에 투여하면 6개월 만에 치료 효과를 볼 수 있다는 연구 결과를 내놓았다. 2년에 비하면 6개월이 짧은 기간이지만 매일 상태가 호전되는 것을 느끼지 못하는 상태에서 6개월 동안 빠짐없이 여러 가지 약을 한꺼번에 투여하는 것은 쉬운 일이 아니다. 그러나 현재로서는 의사의 지시에 따라 열심히 치료에 임하는 것 외에는 다른 방법이 없는 상태다.

그런데 문제가 생겼다. 치료제에 내성을 지닌 결핵균이 나타난 것이다. 내성균이 발생하면 새로운 치료제를 개발하는 것 외에는 방법이 없다. 인류가 병원성 세균을 해결하기 위해 치료약을 개발하는 동안 세균은 나름대로 생존의 길을 찾아내고 있는 것이다. 이것이 결핵만의 문제는 아니다. 모든 미생물은 치료제에 절멸되지 않고 살아남을 수 있도록 내성을 가지는 쪽으로 진화하고 있는 것이다.

항생제와 화학요법제가 계속 개발되던 시기에는 20세기가 다 가기 전에 병원성 미생물을 완전히 박멸할 수 있을 것이라는 기대를 한 적도 있었다. 그러나 새로운 항균제가 등장하면 수년에서 수십 년 사이에 내성을 가진 균주가 출현하여 항생제를 못 쓰게 만드는 것이다. 이것이 항생제 남용의 가장 큰 문제점이다. 오늘날 항생물질은 사람이나 가축의 의약품뿐만 아니라 발육 촉진을 목적으로 한 가축 사료에 첨가제로 이용되고 있다. 이 또한 항생제 내성균 출현을 유도할 가능성이 높으므로, 항생제는 반드시 필요한 시기에 적정량만을 사용하는 것이 바람직하다.

이와 함께 현대 의학에서 문제가 되는 것은 병원감염이다. 이것은 일상생활 중에는 잘 감염되지 않지만 병원에서 집단생활을 하면서 감염이 되는 경우를 가리킨다. 병원감염은 사람을 매개로 하는 경우와 병원에서 사용하는 기자재를 매개로 하는 경우가 있고, 환자 자신에 내재되어 있던 병원체가 병원에 입원한 후 환자에게 병을 일으키는 경우도 있다.

병원감염이 문제가 되는 것은 병을 고치러 들어온 환자가 치료가 되지 않는 병원체에 감염되어 때에 따라서는 사망에 이를 정도로 치명적인 결과를 일으킬 수 있다는 것이다. 병원감염이 반드시 치명적인 것은 아니지만 아주 드물게 발생하는 치명적인 경우가 환자들을 불안에 떨게 하므로 이를 해결하기 위하여 적극적으로 노력해야 한다.

병원감염 시 치명적인 결과가 발생하는 이유가 무엇일까? 병원감염 시 가장 치명적인 결과를 낳을 수 있는 내성 포도알균을 예로 들어 설명하기로 한다.

포도알균은 사람의 피부에 널리 분포하는 균으로 여러 가지 종류가 있으며 황색 포도알균Staphylococcus aureus이 가장 대표적이다. 이 균은 1996년에 이미 유전체가 해독되었으며, 피부, 폐, 심내막, 골수, 관절 등에 염증 반응을 일으키지만 이 균의 작용을 억제시키는 약이 많이 개발되어 있으므로 적당한 것을 골라서 치료를 하면 된다.

처음 페니실린이 개발되었을 때는 포도알균 감염 시 좋은 치료 효과를 볼 수 있었다. 그러나 1946년 병원 내에서 페니실린에 내성을 지닌 균이 처음 발견된 이후 전체 균주 중에서 페니실린 내성균주가 차지하는 비중이 점차 늘어나 페니실린을 사용하는 것이 무의미하게 되었다. 또한 다른 항균제에 대한 내성균도 점점 늘어나게 되었다.

1990년대에 들어서자 그때까지 특효약이라 할 수 있던 메티실린에 대한 내성균MRSA, Methicillin-resistant Staphylococcus aureus이 늘어나기 시작하여 큰 문제로 대두되었다. 그런데 메티실린이 듣지 않는 포도알균에 사용할 수 있는 유일한 약이라 할 수 있는 반코마이신에 대한 내성균도 검출되었다. 이와 같이 내성균에 의한 감염은 일상생활보다는 병원에서 일어날 확률이 아주 높다. 따라서 병원감염 시 치명적인 결과를 낳곤 하는 것이다.

환자 입장에서는 항균제라는 항균제는 몽땅 사용해서 한 방에 치료할 수 있게 되기를 원할 수도 있다. 그러나 이와 같은 방법은 내성균의 출현만 앞당길 뿐이다. 특히 항생제 남용이 문제가 되고 있는 우리나라에서는 '내성균주의 천국'이라는 달갑지 않은 별명을 하루빨리 버릴 수 있는 대책이 요구되고 있다. 병원체를 사멸하는 약의 발전은 전염병 해결에 도움을 주었으나 내성균의 출현이라는, 인류가 예상하지 못한 위험한 상황을 불러왔다. 새로운 약을 개발하는 일은 내성균과 투쟁의 역사라고 할 수 있을 정도로 소리 없는 전쟁이 지금도 계속 이어지고 있다.

전염병이 바꾼
일상

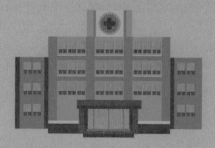

백신과 약이 전염병을 해결했을까?

1796년 제너가 종두법을 개발하기 전까지 인류는 전염병을 해결할 수 있는 방법이 없었다. 고대부터 몸에 이상이 있을 때마다 경험적으로 약초 등을 사용했지만 19세기가 끝날 때까지 전염병을 해결할 수 있는 뚜렷한 방법은 알려지지 않은 상태였다. 종두법 발견 이후에도 파스퇴르가 이를 응용하여 다른 전염병도 예방 가능하다는 사실을 보여주었지만, 19세기가 끝날 때까지 예방 가능한 전염병은 두창, 탄저, 광견병 외에 파상풍, 디프테리아 등 손에 꼽을 정도였다.

대책 없이 기도나 하면서 병이 낫기만을 바랐던 상황에서 예방 백신이 개발되었고, 20세기에 들어선 후에는 '마법의 탄환'과 같은 특효약이 개발되었다. 이제 전염병에 대한 공포는 줄어들 수밖에 없었다. 그러던 차에 전염병으로 목숨을 잃는 사람들이 현격하게 줄어들었으니 백신과 약이 전염병을 해결해주었다고 생각하는 것은 당연한 일이었다. 그런데 과연 백신과 약이 전염병을 해결해주었을까?

그래프를 보면 백신과 약이 개발되었느냐, 아니냐에 관계없이 전염병으로 인한 사망자 수는 지속적으로 감소되어왔음을 알 수 있다. 오래전부터 전염병에 의한 사망자가 감소 추세에 있던 중에 백신과 약이 개발되었을 뿐, 백신과 약이 사망자 수를 줄여주었다는 것은 그래프상으로는 확인 불가능한 것이 사실이다. 백신이나 약이 진짜 전염병에 의한 사망자 수를 줄였다면 전염병에 의한 사망자 수를 표시한 그래프가 최소한 이를 사용한 초기라도 감소 추세를 보여야 할 것이다. 그러나 실제 그

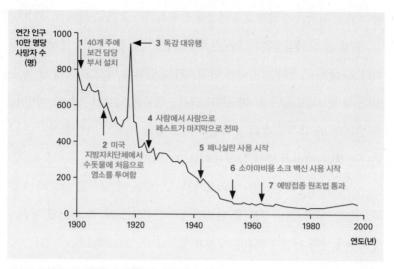

연간 인구
10만 명당
사망자 수
(명)

1 40개 주에
보건 담당
부서 설치

3 독감 대유행

2 미국
지방자치단체에서
수돗물에 처음으로
염소를 투여함

4 사람에서 사람으로
페스트가 마지막으로 전파

5 페니실린 사용 시작

6 소아마비용 소크 백신 사용 시작

7 예방접종 원조법 통과

연도(년)

미국에서 인구 10만 명당 전염병으로 인한 사망자 수
(추정, 1900~1996년, 미국 질병통제센터 자료)

래프는 전혀 그렇지 않다. 단지 감소 추세 중에 개입된 사소한 사건으로
보일 뿐이다. 왜 이런 일이 벌어진 것일까?

이것은 백신이나 약보다 더 중요하게 전염병에 의한 사망자를 감소시
킨 요인이 있음을 의미한다. 아무리 치명적인 전염병이라 해도 병원성을
지닌 미생물이 인체에 침입하지 못하면 인체는 전염병으로부터 해방될
수 있다. 미생물이 전염병의 원인이라는 사실은 1860년대에 파스퇴르에
의해 처음 알려졌다. 그런데 이미 그 이전부터 인류는 위생의 중요성을 알
고 있었고, 실제로 19세기에 들어서는 위생 운동이 벌어졌다. 이것이 전
염병의 원인인 미생물의 생존을 어렵게 만들어 전염병을 감소시킨 것으
로 보인다. 인류는 경험적으로 청결을 유지하는 것이 바람직하다는 사실

을 깨달았고 이것이 실제로 전염병을 감소시키는 효과를 가져온 것이다.

위생 외에 전염병을 감소시킨 중요한 요인 또 한 가지는 영양의 향상이다. 사람이 건강하면 인체에 병원체가 침입한다 해도 피해를 줄일 수있다. 일 년 내내 감기 한 번 걸리지 않는 건강한 사람이 있는가 하면 나을 만하면 또 감기에 걸리는 약한 사람도 있다. 이렇게 개인별 차이가 나타나는 것은 각자의 면역 능력이 다르기 때문이다.

인체에 해가 되는 물질이 외부에서 침입했을 때 방어를 담당하는 면역 기능은 인체 구성 성분 중 단백질이 담당하고 있다. 즉 단백질 섭취가충분해야 면역 기능에 필요한 항체를 형성할 수 있는 재료가 구비되는 것이다. 따라서 영양 상태가 좋아지면 인체는 전염병에 대한 방어기제를 발전시킬 수 있다. 위생 운동이 시작된 19세기에는 내세울 만한 영양 수준의 향상이 이루어지지 않았지만 20세기에 들어서자 인류 역사상 한 번도 경험한 적 없는 충분한 영양 섭취가 가능해졌다. 이것이 인체의 면역력을 키웠고 전염병으로 인한 사망자 수를 줄이는 데 크게 기여한 것이다.

고대인들도 위생의 중요성을 알고 있었다

종교의식, 예배, 일상생활 속에서 지켜야 할 율법을 기록한 〈레위기 Leviticus〉는 위생에 대한 내용을 많이 강조하고 있다. 항상 신체를 깨끗이하라는 것과 전염병이 돌 때와 산후조리 시 어떻게 해야 2차 감염을 막을 수 있는지 등이 《레위기》 전반에 걸쳐 자세하게 서술되어 있다.

고대 그리스인들은 병에 걸리면 의술의 신 아스클레피오스를 모신 신전에 가서 병이 낫게 해달라고 기도를 하곤 했다. 내 힘으로 안 되는 일을 신에게 도와달라고 하는 상황에서 이왕이면 몸과 마음을 정결히 하는 것이 필요하다고 생각했다. 신전도 물 맑고 공기 좋은 곳에 건설한 것을 보면 미약하게나마 위생 관념이 있었음을 알 수 있다.

'의학의 아버지'라는 별명으로 유명한 히포크라테스Hippocrates BC460~377 도 위생의 중요성을 강조했다. 비록 그를 따르던 후대의 학자들이 남긴 것이긴 하지만《공기, 물, 장소에 대하여》에서 의학을 제대로 공부하려면 계절의 변화를 잘 이해하고, 각 계절에 따라 거주자들의 생활 방식과 물의 변화를 알아야 하며, 사람들이 적절하지 않게 섭취하는 음료수와 음식에 대해 주의를 기울여야 한다고 주장했다.

로마인들은 깨끗한 물을 공급하기 위해 수로를 건설했고, 몸을 깨끗이 하기 위해 목욕탕을 만들었다. 영국에서 휴양지로 유명한 도시 배스Bath의 이름은 로마 시대에 큰 목욕탕이 있던 것에서 유래했으며, 지금도 바스의 로마 시대 목욕탕은 사계절 내내 관광객들이 방문하고 있다.

중세 말기에 페스트가 유행하자 사람들은 경험적으로 위생의 중요성을 절실히 깨닫게 되었다. 환자와 접촉하면 병이 전염될 수 있으므로 환자를 피하는 것은 물론 시체 처리도 꺼려했고, 그 결과 위생은 더 나빠져 온 마을이 전염병의 공포에 떨어야 했다.

한편 르네상스 시대에는 인간을 중심으로 한 태도가 발전하면서 병에 걸린 사람의 증상을 자세히 기술하기 시작했다. 그 결과 전염병에는 성자나 죄인에 차이가 없으며, 위생을 포함한 각자의 생활 방식이 중요하다는 사실에 서서히 눈을 뜨게 되었다.

18세기가 끝날 때까지 사람들이 부딪혀야 했던 질병의 대부분은 사고에 의한 손상과 전염병이었다. 물리적 손상은 그 발생 과정이 눈에 보이는 까닭에 이해하기가 쉬웠지만 전염병에 대해서는 신이 내린 벌처럼 무섭기만 할 뿐 지식이 별로 없었다. 원인을 알아야 해결책을 제시할 수 있을 텐데 원인으로 생각한 것이라고는 '미아즈마miasma'라고 하는 나쁜 기운을 가진 공기를 통해 질병이 전파된다는 가설뿐이었다. 엉터리임에도 불구하고 나쁜 기운을 가진 공기를 피하기 위해서는 위생적 태도가 중요했으므로 이를 잘 지키면 실제로 전염병 예방에 약간의 도움을 받았던 것이다.

위생 운동의 선구자 채드윅

스코틀랜드의 제임스 와트James Watt는 1769년 "화력 기관에서 증기와 연료의 소모를 줄이는 새로운 방법"을 고안하여 특허를 취득했다. 이것이 본격적인 산업혁명의 시대를 여는 원동력이 되었다. 이보다 앞선 1693년 토머스 세이버리Thomas Savery가 증기를 이용한 양수펌프를 발명하여 특허를 취득했으나 그 기술이 불완전했다. 이외에도 여러 사람들이 에너지를 전환하는 기술에 관심을 가지기는 했으나 와트의 증기기관만큼 완벽하지 못했다.

증기기관의 발명은 열에너지를 기계의 동력으로 활용하게 함으로써 사람을 비롯하여 생물의 힘으로만 가능했던 노동을 기계가 대신하게 해 주었다. 그로 인해 공업에서 생산성이 크게 향상되었으며, 곳곳에 공장이 설립되었다. 수력과 증기력이 노동자를 대신하여 일을 했지만 계속해서 건설되는 공장에서 필요한 노동자는 수력과 증기력으로 대체되는 숫자보다 더 많았다. 따라서 공장 주변에 도시가 형성되었고 사람들은 직장을 찾아 도시로 몰려들었다. 그런데 정작 도시는 몰려드는 사람들을 감당할 준비가 되어 있지 않았다.

한 세기가 지나기 전에 영국은 농업사회에서 도시 산업사회로 바뀌어갔다. 도시의 갑작스러운 인구 증가와 이에 따른 혼란은 '전염병 전성시대'를 위한 이상적인 조건을 형성해갔다. 1851년 영국 인구의 약 절반이 거주하는 도시의 환경은 지옥에 가까웠다. 급속한 산업화가 진행되었지만 공장 노동자들의 급여는 형편없었고, 가난한 사람들의 보건지표는 더욱 문제였다. 1840년 자료에 따르면 영국의 평균수명은 귀족 다음인 젠트리 계층이 43세, 상인이 30세, 노동자는 22세였다. 이렇게 수명이 짧은 것은 가난한 사람들이 사는 주거 환경과 작업장이 불결하기 때문이었다. 이제 비위생적 환경을 개선해야만 했다.

영국에서 위생 운동에 큰 역할을 한 선구자로 에드윈 채드윅Edwin Chadwick 1800~1890이 있었다. 그는 1831년 철학자이자 경제학자인 제러미 벤담Jeremy Bentham 의 비서가 되었다. 벤담은 국가는 개인의 이익을 보장하면서 성장 가능성 있는 잠재력을 가져야 하며, 개인이 최대의 행복을 누릴 수 있도록 다수의 복지를 증진해야만 한다고 주장한 공리주의자였고, 채드윅도 그 영향을 받고 있었다.

19세기 영국 사회는 소수의 부자들이 존재했을 뿐 대부분 가난했다. 계층 간의 차이는 물론 부의 불균형이 팽배했던 것이다. 16세기 말 엘리자베스 여왕 시대부터 영국은 빈곤 해결을 위해 노력해왔다. 가난한 사람, 고아 혹은 본인 스스로 자립할 수 없는 장애인을 위해 원조와 일자리를 제공하기로 했으나 오랜 세월이 흐르면서 법을 수행하는 행정 업무가 복잡해져 문제 해결보다 더 많은 문제를 낳게 되었다. 19세기 초에는 빈곤 구제를 위한 지출이 재정 수입보다 더 빨리 증가했고, 중산층이 급부상하면서 법의 개정을 요구하게 되었다.

　　구빈법 개정을 위한 위원회에 조력자로 참여했다 뒤늦게 위원으로 활동한 채드윅은 구제를 받는 자는 자립한 근로자의 최하 계층보다 더 잘살도록 보장해서는 안 된다는 최소 자격 원칙을 제안했다. 이 원칙대로라면 근로자가 아무리 처참하고 가난한 상황이라 해도 일단 국가로부터 구제를 받게 되면 그 생활이 더 악화될 수밖에 없었다.

　　가난한 자들이 최후 수단으로 선택한 구빈원에서의 생활은 너무나 비참했다. 구제를 받지 못한 노동자는 산업화된 도시의 공장에서 일자리를 찾아야 했고, 이로써 사회의 발전에 필요한 노동력 공급이 가능해졌다. 하지만 산업도시가 성장하면서 질병은 끊임없이 도시인들을 괴롭혔다. 노동자가 22세에 죽는다는 것은 노동자 수급이나 생산된 제품을 소비할 사람이 없다는 면에서 문제가 되었다.

　　1843년 영국 전 국민의 건강 수준을 조사하는 위원회가 구성되자 채드윅은 건강에 영향을 주는 하수, 상수, 주택, 사업장 등 오물이 있는 곳이면 어디든지 철저한 조사를 시행할 계획을 세웠다. 그와 같은 환경운

동가들은 빈곤한 자의 비위생적인 생활환경이 나쁜 건강과 짧은 수명의 원인임을 확신했다. 그 활동으로 공중 보건을 위협하는 질병과 조기 사망의 원인이 제거되었고, 빈민층은 공장 노동을 통해 생필품 구입을 위한 돈을 벌게 되었으며, 기업가와 투자자는 이윤을 챙길 수 있게 되었다.

영국의회는 이 위원회에서 제안한 아이디어를 적극 수용했고, 시민들도 위생 개선이 건강 향상에 도움이 될 것임을 깨닫게 되었다. 이 보고서 내용을 토대로 1848년에 공중보건법이 통과되었다. 막대한 비용이 필요한 원안대로는 아니었지만 당시 영국의 열악한 위생 상태를 개선할 수 있는 법적 토대가 마련되었다.

이 법안에 따라 하수 시설 설치, 도로 포장, 오물 폐기에 대한 규제, 공공 오락 시설 제공 등이 의무화되었다. 5년이 지난 1853년, 영국 근로자의 연간 사망률이 1,000명당 30명에서 13명으로 감소하였고 이를 전 영국에 적용하면 연간 약 17만 명이 목숨을 건질 수 있게 되었다. 이는 평균수명이 29세에서 48세로 연장되었음을 의미한다.

채드윅은 1854년에 공직에서 은퇴한 뒤에도 크림 전쟁에 파견된 군대의 위생 상태가 엉망임을 간파하고 위생 조사단 파견을 주장하는 등 보건 위생 개혁에 한평생을 바쳤다. 위생 운동이 채드윅 혼자의 힘으로 이루어진 것은 아니지만 위생 개선을 위해 평생을 노력한 그의 열정은 미래를 내다본 탁월한 선택이었다.

상수도와 콜레라

인도 벵골 지방의 풍토병이던 콜레라가 처음 유럽에 소개된 것은 1563년이었다. 가르시아 오르타Garcia de Orta가 《콜로퀴오Colóquios》에서 '콜레라'라는 이름을 처음 사용한 것이다. 벵골 지방 외에도 인도네시아 중앙에 위치한 셀레베스 섬과 같이 국지적으로 콜레라가 발생한 곳은 있지만 인류에게는 큰 문제가 되지 않았다. 그러나 19세기가 되자 콜레라는 네 차례에 걸쳐 맹렬하게 전파되기 시작했다. 그 여파는 대단해서 인도를 출발한 콜레라가 주로 유럽을 향해 번져갔으며, 때로는 서남아시아와 아프리카 북부, 중국을 지나 한국과 일본으로 전파되기도 했다.

1831년 영국에서 콜레라가 유행할 때 18세의 한 외과 견습생이 킬링워스 콜릴리 지역의 콜레라 희생자들을 도우러 왔다. 런던 왕립의학교에 입학시험을 치르려던 그의 이름은 존 스노John Snow 1813~1858였다. 그는 수년 후 선구적인 마취과 의사가 되어 영국의 빅토리아 여왕이 출산할 때 클로르포름을 사용한 무통분만을 시행하기도 한 인물이다.

젊은 시절 콜레라에 대한 경험은 일생 동안 그가 이 질병을 연구하게 했다. 그는 "콜레라는 사람들이 왕래하는 길을 따라 번지지만 사람들의 이동속도보다는 빠르지 못하며 처음으로 콜레라가 생긴 섬이나 육지는 항상 항구에서 그 모습을 드러내고, 콜레라가 유행하지 않는 지역으로부터 온 선박의 선원들은 질병이 유행하는 지역에 도착하더라도 항구에 내리기 전이나 상륙하여 사람들과 접촉하기 전에는 절대로 질병에 걸리지 않는다."는 사실을 발견했다. 이것은 당시에 알려져 있던 미아즈마

1893년 인도 군대의 콜레라 예방접종. 콜레라는 원래 인도 벵골 지방의 풍토병이었으나 1800년대에는 전 세계를 휩쓴 전염병이 되었다.

설에 따른 견해와는 아주 상반된 것이었다.

　　1853년 런던에서 콜레라가 유행하자 스노는 환자의 주소지를 지도에 표시해보았다. 당시 런던에는 람베스와 사우스웍-복스홀이라는 두 개의 상수도 회사가 수돗물을 공급하고 있었다. 스노는 환자가 어느 상수도 회사로부터 수돗물을 공급받는지 세심하게 조사했다. 결론은 람베스로부터 수돗물을 공급받는 가구에서는 콜레라 환자가 거의 발생하지 않았으나 사우스웍-복스홀로부터 수돗물을 공급받는 가구에서는 환자가 발생한다는 것을 알아냈다. 스노에 의해 콜레라가 물속에 들어있는 무엇인가에 의해 전염된다는 사실이 밝혀진 것이다.

　　상수도 공급과 환자 발생에 대한 그의 연구는 공중보건학 역사에서

Portrait eines cholera präservativ Mannes.

콜레라 방호복을 입은 사나이. 고무와 타르로 피부를 덮고 가슴에는 동판을 댄 뒤 큼직한 플란넬로 온몸을 감쌌다. 얼굴을 덮은 마스크에는 온갖 약초를 담았다. 그의 뒤로 보이는 수레에는 콜레라 치료에 필요한 약초와 의료기구가 담겨 있다. 이 그림 하나로도 19세기에 콜레라가 얼마나 공포의 대상이었는지 알 수 있다.

콜레라 감염원을 찾는 모습을 그린 카툰. 콜레라가 런던에 유행하자 보건 당국은 콜레라의 발생 원인을 찾기 위해 런던 시내 곳곳을 뒤졌다. 주로 악취가 진동하는 곳을 콜레라의 진원지로 생각했다.

선구적인 업적으로 평가받고 있으며, 이것이 그가 '공중보건학의 아버지'라는 별명을 얻게 된 이유다. 그의 연구 결과는 전염병이 미아즈마가 아니라 미생물에 의해 발생한다는 사실을 강력히 뒷받침했다. 람베스 상수도 회사의 수돗물을 공급받았지만 콜레라가 발생한 환자 한 명은 콜레라로 사망한 친척의 집이 있는 브로드 가를 방문하여 이 펌프의 물을 마셨음이 판명되었다. 브로드 가의 펌프는 당시 가장 많은 사람들을 감염시킨 감염원이었다. 스노는 사람들이 더 이상 이 물을 마시지 못하도록 펌프의 손잡이를 없앴고, 이후 환자 발생을 줄일 수 있었다.

스노가 자신의 연구 결과를 발표한 1854년에 이탈리아의 필리포 파치니Filippo Pacini 1812~1883는 콜레라로 죽은 사람의 장점막에서 알려지지 않은 새로운 세균을 발견하고 비브리오 콜레라Vibrio cholerae라 이름 붙였다.

이 업적은 환자의 대변을 관찰하여 이루어진 것이라는 기록도 있다. 미아즈마설에 비판적이었던 파치니는 스노와 마찬가지로 콜레라가 전염병이라는 주장을 했지만 자신이 발견한 세균이 원인이라는 사실은 알지 못했다. 방법은 서로 달랐지만 영국과 이탈리아의 두 학자는 콜레라의 유행이 당시까지 전염병의 원인으로 지목된 미아즈마에 의한 것이 아니라는 사실을 입증한 셈이다.

콜레라균을 직접 들이마신 페텐코퍼

로마 시대부터 "늪 주변을 돌아다니면 전염병에 걸린다."고 알려져 있었으므로, 당시 사람들은 늪지대의 나쁜 공기가 전염병을 일으킨다고 생각했다. 이 생각은 19세기에도 여전했으며, 위생 운동을 하는 많은 이들도 나쁜 공기가 전염병의 원인이 된다는 미아즈마설을 신봉하고 있었다. 19세기 초부터 과학이라는 새로운 학문적 태도가 인류의 머릿속에 자리 잡으려 하고 있었지만 콜레라가 불결함과 가난함, 도덕적 해이 또는 악취 나는 증기나 미아즈마에 의해서 발생한다는 이론에 대항할 만한 이론은 당시에 존재하지 않았다.

파치니가 콜레라균을 처음 발견하기는 했지만 당시 유행하던 콜레라의 원인균이라는 생각은 하지 못한 상태에서 독일의 코흐가 콜레라 연구에 뛰어들었다. 이집트에 콜레라가 유행하던 1883년, 코흐의 연구팀은 이집트를 방문하여 환자로부터 콜레라균을 동정해내는 데 성공했다. 이로써 코흐는 탄저와 결핵에 이어 세 번째로 특정 질병을 일으키는 세균을 규명하면서 콜레라균의 발견자로 기록되었다. 코흐는 이 세균을 작고 구부러진 모양의 세균이라는 뜻에서 '콤마바질루스Kommabazilus'라 명명하였으나 후에 파치니가 발견한 세균과 같은 세균임이 판명되었다. 이로써 콜레라의 원인이 정확히 밝혀졌으니 그에 대한 조치를 취하면 콜레라로부터 해방될 수 있었다.

그러나 이때까지도 미아즈마설이 지배적이었다. 스노의 연구 결과에도 불구하고 코흐가 콜레라의 원인균을 규명해내기까지 많은 사람들은 콜레라의 원인을 미아즈마설로 설명하고자 했다. 크림 전쟁에서 위생을 강조하여 훌륭한 성과를 거두던 플로렌스 나이팅게일Florence Nightingale 1820~1910도 미아즈마설을 신봉한 사람이었다. 독일 뮌헨 대학 위생학 교수로 보건 정책을 책임지는 장관의 위치에 오른 막스 페텐코퍼Max Pettenkofer 1818~1901도 미아즈마설 신봉자였다. 그는 지표수의 수위가 갑자기 올라가면 토양의 수분 성분이 증가하고, 건조기에 수위가 떨어지면 수분 성분이 감소하면서 습한 토양층이 생기며, 콜레라는 습한 토양층을 통해 오염된 공기미아즈마에 의해 전파된다고 굳게 믿었다.

미아즈마에 의해 콜레라가 발생한다는 완벽한 이론에 대해 스노가 수돗물이 원인이라는 믿기 힘든 이론을 내세우더니 바다 건너 프랑스에서는 파스퇴르가 현미경으로나 관찰 가능한 미생물이 전염병의 원인이라고 주장했다. 페텐코퍼로서는 참으로 답답한 노릇이었다. 그러던 중 같은 나라의 코흐마저 콜레라의 원인균을 발견했다고 하니 전염병이 병원성 세균에 의한 것이 아니라고 생각하고 있던 정책 책임자 페텐코퍼가 직접 나서게 되었다.

"진짜 그렇다면 내 몸을 시험 대상으로 삼겠다."

페텐코퍼는 공개 실험을 제안했다. 함부르크에 콜레라가 유행하던 1895년, 그는 콜레라균이 포함된 용액을 들이켰으나 예상외로 아무 일도 생기지 않았다.

"거봐, 내 말이 맞잖아. 콜레라는 미아즈마에 의해 발생하는 병이며 콜레라균이 오염된 물을 마신다고 생기는 게 아니야."

왜 콜레라균을 들이마신 페텐코퍼에게 콜레라가 발생하지 않았는지 확실하지 않다. 다만 흥분한 상태에서 위산 분비가 증가하여 콜레라균이 위에서 사멸했을 것이라는 추측만 가능할 뿐이다. 이 실험 이후 페텐코퍼는 자신의 이론을 더욱 강력히 주장했다. 하지만 이후 계속된 실험에서 콜레라균이 포함된 음료수를 마신 그의 제자에게 콜레라가 발생하자 코흐가 발견한 세균이 콜레라의 원인이라는 사실을 인정하지 않을 수 없었다.

오늘날의 기준으로 볼 때 페텐코퍼의 생체 실험은 '자신의 몸을 희생한 훌륭한 실험'이 아니라 '안전성이 담보되지 않은 상태에서 실시한 비윤리적인 실험'으로 의료윤리를 위반했다는 평가를 받을 일이다. 그러나 진리를 향한 그 열정은 높이 평가받아 마땅하다. 또한 이와 같은 과감한 과학자들이 과학 발전을 앞당긴 것도 부정할 수 없는 사실이다.

손 씻기, 세상을 바꾼 전염병의 유산

개인에게 발생한 질병은 자신의 책임인가, 사회의 책임인가? 특정 전염병을 예방하기 위해 예방접종을 받는다고 가정하자. 내가 예방접종을 받지 않는다고 할 때 다른 사람들이 많이 예방접종을 받는 것과 적게 예방접종을 받는 경우, 내게 전염병이 발생할 가능성에는 차이가 있을까, 없을까? 남이 예방접종을 많이 받으면 내가 전염병에 걸릴 가능성은 줄어든다. 전염원이 많을수록 전염병 전파가 용이해지기 때문이다. 나 아닌 모든 사람들이 아주 성능이 좋은 백신을 접종받아 면역을 가지고 있다면 그 많은 사람 중에 나만 골라서 병이 생기는 것은 확률적으로 어려운 일이다. 반대로 모든 사람들이 예방접종을 받지 않아 환자가 넘쳐나고 있을 때는 내게도 병이 생길 가능성이 증가한다. 이것이 개인의 질병을 개인에게만 책임지게 할 수 없는 이유다.

19세기 이후 위생의 중요성을 알게 된 사람들이 생활하는 환경을 위생적으로 개선한 결과 전염병의 발생은 급격히 줄어들었다. 스노에 의해 그 중요성이 확인된 공중 보건은 학문으로 정립되었다. 이후 개인이 아닌 집단을 대상으로 건강을 유지하려는 노력의 하나로 인구집단의 질병, 즉 인구집단에서 질병의 분포 양상과 이 분포 양상을 결정하는 원인을 연구하는 역학이 학문의 한 분야로 자리 잡았다.

1997년 조류독감, 2003년 사스, 2009년 신종플루, 2014년 에볼라와 같이 새로운 전염병이 유행할 때면 개인에 대한 예방 또는 치료 방법과 함께 전체 인구집단을 대상으로 어떻게 하면 이 전염병을 해결할 수 있

1920년대 공중보건 캠페인 포스터.
부주의한 침 뱉기, 기침, 재채기가
독감과 결핵을 퍼뜨린다고 경고한다.

는지에 대한 대책이 발표된다. 이것은 역학적 연구를 통해 얻은 지식을 활용한 것이다.

감기나 독감과 같이 공기를 통해 전파되는 바이러스성 전염병이 유행하는 경우 "외출 후에는 꼭 손을 씻어라."라는 이야기가 매스컴을 통해 전해지곤 한다. 바이러스는 숙주에 기생하지 않고는 생존이 불가능하므로 나 홀로 생존할 수 없다는 점에서 완전한 생물체라기보다는 생물과 무생물의 중간 취급을 받는 미생물이다. 바이러스의 입장에서는 생존을 위해 조금이라도 빨리 숙주세포를 찾아야 하며, 그렇지 않고 혈혈단신으로 노출되는 경우에는 얼마 지나지 않아 생명력을 잃게 된다. 따라서 기침을 할 때 가능한 한 멀리 튀어나가면서 빨리 새로운 숙주를 찾아 이동을 해야 생존이 가능해진다. 외출을 하게 되면 접하는 외부 환경 중에서 공기보다는 손으로 건드리는 고체나 액체에 바이러스가 포함되어 있을 가능성이 높다. 그러므로 바이러스가 인체 내로 들어오기 전에 씻어내는 것이 감기나 독감을 예방하는 방법이 되는 것이다.

보건소의 기능 강화, 대기와 수질 오염 개선, 흡연을 줄이기 위해 담배의 세금 올리기, 음주에 의한 사고를 줄이기 위해 음주 후 사고는 가

중처벌하기, 공적 목적으로 운영되는 큰 식당에 영양사 채용을 의무화하기, 지방자치 단체에서 건강을 위한 센터 운영, 광산과 같이 특수 환경에 노출된 작업장 관리 등이 모두 오늘날 공중 보건 정책에서 다루는 영역이며, 역사적으로 전염병에 의해 촉발된 공중보건학이 영역을 넓혀가면서 다루게 된 분야라 할 수 있다. 전염병 해결을 위해서는 개인의 건강관리도 중요하지만 인구집단을 대상으로 한 정책과 관리도 중요하다. 이것이 공중보건학이 다루는 분야다.

마을에서 쫓겨난 한센병 환자들이 모이는 곳

과거에는 나균에 의한 감염 질환을 '문둥병' 또는 '나병'이라 불렀다. 하지만 이것은 적당한 용어가 아니다. 대한나관리협회에서는 1999년 3월부터 '나癩'라는 용어 대신 한센이라는 용어를 쓰기로 결정했으므로 '한센병'이라 해야 옳다.

두창, 매독과 더불어 한센병은 신체에 보기 흉한 흉터를 남기는 전염병이다. 그러므로 의학 지식이 없던 시절에는 신이 내린 벌이라 생각할 수밖에 없었다. 성서의 내용을 기록으로 남길 당시에는 한센병을 포함한 피부 질환에 대한 지식이 없었으므로 성서에 '나병'이라 표시된 것이 모두 진짜 한센병은 아니다. 최근에 발행되는 성서에서는 과거에 '나병'이라 표기했던 내용 중 일부를 '피부병' 등으로 바꾸어 표기하기도 한다.

신체에 변형이 생기기 시작한 환자는 타인에게 혐오감을 일으킨다는 이유로 가족과 마을 사람들에게 버림받는 등 핍박과 박해의 나날을 보내야 했다. 8세기에 카를링거 왕조의 2대 왕인 샤를마뉴가 "한센병 환자의 공민권을 박탈하고 시외의 일정한 장소에 격리시키며, 종교적인 박애 정신으로 부양하라."는 칙령을 발표했다. 환자들은 일정한 곳에 고립되어 그들만의 일생을 보내야 했다. 다행히 예수님께서 한센병 환자들을 어루만져 주었기 때문인지 정치적·사회적으로 고립된 환자들은 중세를 지배하고 있던 종교계의 도움을 받을 수 있었다.

13세기 십자군 전쟁이 끝나갈 무렵부터 맹위를 떨친 한센병은 페스트에 의해 쇠퇴할 때까지 수세기 동안 유럽인들에게 가장 공포스러운 질병이었다. 마을에서 쫓겨난 한센병 환자를 수용한 곳은 오로지 환자를 집단으로 수용하는 기능만 충실히 했다는 점에서 수용소와 다름없었다.

중세가 끝나기 전부터 20세기에 접어들 무렵까지 한센병 환자를 수용하는 곳은 전 세계 곳곳에서 생겨났으며 이를 레프로사리움leprosarium이라 한다. 단어의 사전적인 뜻은 '한센병 환자를 위한 병원', '한센병 환자 수용소'이므로 이 시설의 양면적인 기능을 추측할 수가 있다. 이곳에서 한센병 환자를 위해 헌신한 종교인들이 많았다.

한센병 환자들을 돌본 수많은 사람들 중 대표적인 인물이 벨기에 출신으로 하와이의 레프로사리움에서 평생을 바친 다미앵 신부Damien de Veuster 1840~1889다. 1863년 하와이에 온 직후 가톨릭 신부가 된 그는 1873년부터 한센병 환자를 위한 칼라와오 정착촌에서 환자들과 함께 생활하면서 구호 활동에 전념했다. 이 정착촌은 몰로카이 섬 북쪽 해변에 있는데, 섬의 다른 곳과 완전히 격리되어 있다. 오늘날에도 여기에 가려면 가파

사람들은 한센병 환자를 끔찍하게 싫어했다. 한센병 환자가 거리에 나타나면 모두들 멀리 달아났다. 미처 자리를 피하지 못한 아기를 바라보는 사람들은 공포에 질린 모습이다.

른 산길에 놓인 좁은 철길을 따라 기차를 타거나 걸어가야 한다. 다미앵은 이곳에서 한센병 환자를 돌보는 일에 헌신하다 1884년에 자신도 한센병에 전염되었다. 그러나 치료를 받기 위해 환자를 떠나기보다 그들과 함께하며 마지막까지 그들을 돌보다 1889년에 세상을 떠났고, 칼라와오 공동묘지에 먼저 떠난 환자들과 함께 안장되었다.

다미앵이 하와이에서 환자들을 돌보고 있을 때 노르웨이에서는 게르하르트 한센이 한센병을 연구하고 있었다. 그는 1871년에 환자의 병소에서 채취한 시료를 현미경으로 관찰하다 막대 모양의 미생물을 발견했다. 이 생명체는 모든 환자에서 발견되었고, 마이코박테리움 레프라Mycobacterium leprae라 명명했지만 이것이 세균이라는 것을 증명하지는 못했다. 1879년에 한센은 이 미생물을 알베르트 나이서Albert Neisser 1855~1916에게 전해주었다. 임질균을 발견하기도 한 나이서는 이것이 한센병의 원인균임을 확인했다. 한센은 한센병이 피부 접촉에 의해 전염된다는 사실을 알아냈고, 환자의 격리 치료 및 소독법 실시 등에 전력을 다하여 한센병 해결에 큰 공헌을 했다.

한센이 원인균을 발견한 후에도 수용 시설은 더 늘어가기만 했다. 치료 방법은 알아내지 못한 채 세균에 의한 전염병이라는 사실만 증명되었으므로 공포에 질린 사람들이 환자들을 자신들의 무리에서 더욱 강력하게 몰아냈기 때문이다. 1900년이 지나면서 한센병 환자들을 강제로 격리시키는 것은 국가의 정책이 되었고, 우리나라에서도 조선총독부에 의해 소록도에 한센병 환자촌이 건립되었다.

20세기 중반을 지나면서 한센병 치료약제가 개발되어 한센병 환자가 급감하기 시작했다. 이와 함께 사회에서 버림받은 사람들의 숫자도 현저히 감소하였다. 한편 한센병의 유행으로 중세 말기에 환자를 격리시키기 위해 설립한 수용소와 이곳에서 벌어진 의료 행위는 후에 병원 건설로 이어지게 되었다.

아픈 이를 수용하던 곳이 병원으로 탄생하다

20세기를 대표할 만한 의학역사학자 로이 포터Roy Porter 1946~2002는 "고대 그리스 시대에는 병원이 전혀 없었다. 고대 로마 시대에는 노예와 병사를 위한 병원만 지었으며, 민간인 환자의 치료를 위한 병원이 들어선 것은 서력 기원이 시작되고 나서부터였다."라고 했다. 그렇다면 히포크라테스는 길거리에서 환자를 돌보았을까?

의료법에 따르면 우리나라에서는 의료진들이 건강에 이상이 생긴 사람들을 돌보는 곳을 병상 수에 따라 의원30병상 미만, 병원30병상 이상, 종합병원100병상 이상이며 그 외에 다른 조건을 충족해야 함으로 구분한다. 로이 포터가 '병원'을 이야기할 때 정확히 정의하지는 않았지만 이미 오래전부터 뇌수술이 행해지던 장소를 '병원'으로 간주하지 않은 것만은 분명하다.

고대 그리스에서는 병이 발생하면 신전에 가서 신에게 낫게 해달라고 비는 것이 전부였으므로 신전을 병원의 시초로 취급하지 않는다면 병원이 없었다고 보는 것이 맞다. 중세에는 수도원이나 교회 옆에 딸린 건물이 환자를 돌보는 기능을 했다. 그러나 변변한 의사와 의료 시설이 갖추어지지 않았으니 제대로 운영되기 어려웠다. 오늘날의 기준에 비추어 보면 의원급이 대부분이었고, 치료를 하기보다는 하느님의 은혜를 요청하는 정도였다. 굳이 비유를 하자면 오늘날의 요양병원에 가까운 수준이었다.

한센병이 대유행을 할 때 건립된 레프로사리움이 환자들에게는 안식처 역할을 했고, 환자가 아닌 사람들에게는 환자를 멀리 내보내는 구실을 했으니 어떻게 보면 서로 좋은 일이었다. 환자들이 본의 아니게 가까운 이들로부터 떨어져 살아야한다는 걸 받아들이기만 하면 말이다. 페스트가 유행하자 똑같은 일이 벌어져 페스트 환자 수용소pesthouse가 생겨났다. 그중에는 레프로사리움이 문패를 바꿔 단 경우도 있었다.

이와 같이 요양병원이나 수용소 같은 시설이 병원의 효시로 여겨지는 가운데 당시에도 상대적으로 시설과 운영 여건이 나은 곳이 있었고, 이를 병원으로 인정하기도 했다. 영국에서는 1123년에 세인트바솔로뮤 병원이 문을 열었고, 1215년에는 세인트토마스 병원이 개원했으며, 14세기가 끝날 무렵에는 병원 수가 수백 개로 늘어났다. 이탈리아에서는 페스트 환자를 격리하기 위한 병원이 14세기에 문을 열기 시작하여 15세기에는 꽤 많은 수의 병원이 설립되었으나 모든 병원에 교육받은 의사가 있는 것은 아니었으므로 병원인지 환자 수용 시설인지 구분하기가 어려웠다.

프랑스어로 '오텔디외Hôtel-Dieu'는 중세 프랑스에 세워진 병원을 가리키는 용어로 사용되다 현재는 중세에 설립되어 지금에 이르는 병원만을 가리킨다. 초창기의 것으로는 고딕 양식의 앙제르 병원이 남아 있으며, 현재 가장 유명한 것은 파리에 있는 것으로 프랑스 대혁명이 일어나기 전까지는 교단이 운영한 거대한 진료소가 있다.

19세기를 지나는 동안 병원들은 재정적인 어려움에 부딪혔다. 따라서 기부와 모금 활동은 병원의 업무들 중 하나가 되었다.

오텔디외는 '하느님의 호스텔hostel of God'이란 뜻이다. 아마도 중세에 기독교적 사랑에 바탕을 둔 종교인들이 운영에 많이 관여한 것에서 붙은 이름으로 생각된다. 오텔디외는 환자 침상을 아주 넓은 홀에 배치한 것을 특징으로 한다.

이와 같이 초기의 병원은 전염병 환자를 수용하는 곳에서 출발하여 점차 발전된 의학 지식과 의료 기술을 받아들임으로써 오늘날의 병원으로 발전하게 되었다. 전염병이 병원이라는 새로운 거주 시설을 낳은 셈이다.

원시시대에도 뇌수술을 했다고?

수술이란 인체의 일부를 절제하는 방법이다. 질병이 발생한 부위를 없애 버린다는 점에서 수술은 아주 좋은 치료법이기는 하지만 한 번 잘려져 나간 조직이나 장기는 특별한 경우를 제외하고는 재생되지 않으므로 주의하여 처리해야만 한다. 현대에는 수술이 약과 더불어 가장 대표적인 치료법으로 여겨지고 있지만, 마취제와 2차 감염 예방을 위한 약이 개발되기 전에는 수술의 효과가 아주 낮을 수밖에 없었다. 그럼에도 불구하고 수술은 선사시대부터 행해졌으며, 인체의 가장 중요한 부위라 할 수 있는 뇌의 일부를 절제하는 수술도 이미 오래전부터 시행되었다.

역사적인 기록을 남겨놓지 않는 선사시대를 연구하기 위해서는 오늘날까지 남아있는 유물들을 토대로 증거를 찾아야만 한다. 선사시대에 의사라는 직업이 있었는지, 그리고 그들이 어떤 방식으로 환자를 진료하고 치료했는가에 대한 정확한 답은 지금 알 길이 없지만 분명한 사실은 그 당시에도 뇌수술이 행해졌다는 것이다. 시기적으로는 기원전 5,000~12,000년까지 거슬러 올라가는 것들도 있으니 신석기시대에 뇌수술을 한 셈이 되는 것이다.

유럽의 퇴적층에서 발견된 선사시대 두개골 중에는 의문의 구멍이 뚫린 것들이 많이 존재하고 있으며, 페루의 고대 문명지에서도 구멍 뚫린 두개골이 발견되었다. 이와 같은 두개골이 처음 발견된 것은 1870년의 일이다. 신기한 것은 우리나라에서도 가야 시대 유골 중

뇌수술을 받은 흔적이 있는 것이 발견되었으며, 아프리카에서는 20세기 초반에도 뇌수술이 행해졌다. 또한 놀랍게도 타원 모양으로 긴 지름이 15센티미터를 초과할 정도로 크게 수술한 경우도 있었다.

인간의 두개골은 무척이나 단단하므로 그래야만 외부의 충격으로부터 두개골 속에 들어 있는 중요한 뇌 조직을 보호할 수가 있다 두개골을 절제하기 위해서는 톱과 같은 아주 날카로운 도구와 큰 힘이 필요하다. 그렇다면 선사시대 사람들은 무슨 이유로, 그리고 어떤 방법으로 두개골에 구멍을 뚫었을까? 아마도 두통이나 간질병 환자의 뇌에 들어있는 악령을 몰아내기 위하여 구멍을 내었을 것이다. 뚫린 구멍은 대부분 둥근 모양을 하고 있으며, 이때 생긴 뼈 조각은 부적으로 이용되었다고 한다.

한편 머리에 골절을 일으킬 수 있는 무기가 사용된 지역에서 구멍 뚫린 두개골이 흔히 발견되는 것으로 보아 상처 입은 두개골의 뼛조각을 제거하고, 두개내압을 조절하기 위하여 수술이 행해진 것으로도 보인다.

분명한 것은 두개골에 구멍을 뚫는 수술이 선사시대에 행해졌으며, 통증과 2차 감염을 해소한 방법은 확실치 않으나 수술 부위에 가골 빈자리에 자라난 새로운 뼈 이 자라난 흔적이 있는 것으로 보아 수술 후에도 사람이 꽤 오랜 기간 동안 생존할 수 있을 정도로 수술이 성공적이었다는 점이다.

대중목욕탕 문을 닫게 한 매독

매독이 언제 어디서 발생했는지에 대해서는 알려진 바가 없다. 일반적으로 제기되는 최초 발생지는 서부 유럽의 지중해 연안, 아프리카, 아메리카 등이며, 시기는 15세기 말이다. 콜럼버스가 신대륙을 발견한 후 유럽에 유행한 까닭에 아메리카 기원설이 등장했지만 그 시기에 유행한 것은 우연의 일치로 보아야 한다.

히포크라테스의 저서나 성서에 매독을 의심케 하는 내용이 없는 것은 아니지만 확인 가능한 내용도 없으므로 언제 매독이 시작되었는지는 확실치 않다. 기록으로 보자면 질병에 사용할 수 있는 약제용 물질을 많이 개발하여 '의화학의 아버지'라는 별명을 가진 파라셀수스Paracelsus 1493~1541가 오늘날 선천성 매독으로 인정할 만한 증상을 기록으로 남긴 것이 처음이다. 그는 수은을 이용하여 매독을 치료하려 했으며, 이 방법은 부작용이 심하기는 해도 매독의 폐해보다는 견딜 만했다고 한다. 이 치료법은 약 400년 뒤 에를리히가 살바르산 606호를 합성하는 날까지 매독 치료에 중요한 위치를 차지했다.

매독이 유럽에 처음 그 실체를 드러낸 것은 15세기가 끝나갈 무렵, 이탈리아 전쟁 때였다. 이탈리아를 침공한 프랑스의 샤를 8세는 나폴리를 완전히 지배하려 했다. 이에 대해 로마를 필두로 한 이탈리아의 도시국가들과 신성로마제국, 스페인까지 연합한 동맹군은 네 차례에 걸쳐 16세기가 끝날 무렵까지 이탈리아 땅에서 전쟁을 벌이는데, 이것이 이탈리아 전쟁이다.

1494년 가을, 이탈리아로 출정한 프랑스 군대에는 스페인, 독일, 스위스, 영국, 헝가리, 폴란드 출신의 용병이 많이 포함되어 있었다. 피렌체를 거쳐 나폴리에 도착할 때까지 이탈리아의 도시국가들은 별다른 저항을 하지 못했고, 군대의 행렬에는 매춘부들도 동행할 정도로 여유로운 전쟁이었다. 그런데 거칠 것 없던 프랑스군의 행렬에 제동을 건 것은 적군이 아니라 전염병 매독이었다.

매독은 두창, 한센병과 함께 환자가 피폐해져 가는 모습이 보는 이들에게 혐오감을 일으키는 전염병이다. 이것은 곧 전투력 약화를 가져왔다. 매독은 1495년 봄에 퇴각하기 시작한 프랑스 군대의 용병들이 각자 자기 나라로 돌아가면서 불과 4년 만에 유럽 전체를 영향권에 넣는 데 성공했다. 그리고 유럽 각지는 물론 제국주의에 나선 유럽인들을 통해 아프리카와 아시아에도 유행하게 되었다. 역사상 처음 등장한 전염병이었으니 질병의 정체를 제대로 밝히지 못한 사람들은 스페인병, 프랑스병, 이탈리아병, 나폴리병, 폴란드병과 같이 자신과 상관없는 남의 나라 이름을 붙였고, 이슬람 국가에서는 그리스도의 병이라 부르기도 했다.

매독은 피부에 심한 통증을 일으킨다. 수은을 사용하면 효력은 있지만 중독 증상이 나타난다. 매독이 성행위에 의해 전파된다는 사실이 알려지자 환자와 매춘부와 이방인들에게 불리한 조치가 취해졌다. 파리 의회는 1496년에 매독에 감염된 모든 사람들은 24시간 내에 도시를 떠나라는 명령을 내렸으며, 독일 뉘른베르크에서도 같은 해에 비슷한 예방책이 취해졌다. 1497년 4월에는 스코틀랜드 애버딘의 시의회에서 모든 매춘부들의 상업적 행위 중지를 명령했고, 6개월 후 스코틀랜드 추밀원에서는 매독균에 감염된 에든버러의 모든 거주자들을 섬으로 추방하도록 결정하기도 했다. 매독의 유행은 성행위 관습을 바꿔 놓았고, 대중목욕탕의 문을 닫게 했다. 1496년에 독일 뷔르츠부르크를 시작으로 일반 환자로부터 매독 환자를 격리한 격리병동이 설립되기도 했다.

1905년에 프리츠 샤우딘^{Fritz Schaudinn 1871~1906}과 에리히 호프만^{Erich Hoffmann 1900~1946}은 매독 환자의 하감 및 서혜림프절에서 김자^{Giemsa} 염색법을 이용하여 원인이 되는 세균을 증명하였다. 1906년 아우구스트 바서만^{August Wassermann 1866~1925}에 의해 그의 이름을 딴 매독 진단법이 개발되었고, 살바르산 606호에 이어 1940년대에 페니실린이 매독 치료에 사용되기 시작하면서 매독은 정복 가능한 전염병이 되었다.

전투보다 전염병으로 목숨을 잃는 병사들

성지를 탈환하러 간다는 십자군 전쟁이 벌어졌을 때 사람들은 어딘지 가늠하기도 어려운 먼 곳으로, 언제 끝날지 모르는 전쟁을 치르기 위해 고향을 떠났다. 남은 가족들은 길게는 수십 년간 언제 돌아올지 모르는 가족을 기다려야 했다. 그리고 어느 날 갑자기 누군가로부터 "귀댁의 가족은 하느님의 뜻을 따르기 위해 싸우다 목숨을 잃었습니다."라는 소식을 듣는다 해도 어쩔 수 없는 일이었다. 이때 사망 소식과 함께 유품을 돌려받은 가족이 병에 걸려 목숨을 잃는 경우가 많았다. 이것은 유품에 묻은 병원성 미생물에 감염되었기 때문이다.

19세기에 위생 관념이 서서히 생겨나면서 영국에서는 전장에 여성을 비롯한 비전투요원을 보내기 시작했다. 이것은 종군기자의 보도로부터 시작되었다. 전쟁 상황을 보도하기 위해 참전한 기자들은 참전 용사들의 가족이 깜짝 놀랄 만한 소식을 전해왔다. "병사들은 전쟁을 하다 죽는 게 아니라 전쟁터에 가보기도 전에 전염병에 걸려 세상을 떠난다."

정확한 자료를 구할 수는 없지만 추정된 자료를 보면 과거에 크림 전쟁에서 러시아는 전사자 약 4만 명, 병사자가 약 9만 명이었고, 프랑스군은 전사자가 약 2만 명, 병사자는 약 7만 명이었다. 1899년부터 1902년까지 남아프리카공화국에서 벌어진 보어 전쟁에서는 중간의 약 2년치만 집계해 볼 때 영국군의 전사자는 약 6,000명, 병사자는 약 11,000명이었다.

나라와 민족을 위해 사랑하는 가족을 사지로 보낸 가족들의 입장에서는 기가 막힌 소식이었다. 빗발치는 항의에 맞닥뜨린 정부는 무엇이든 조치를 취해야 했다. 이것이 플로렌스 나이팅게일의 주장과 맞물려 전쟁터에 군인 외에 그들을 돌보고 지켜줄 사람들을 파견하는 계기가 되었다.

1850년대에 크림 전쟁이 전쟁사에서 중요한 의미를 가지는 것은 나이팅게일이 참전하면서 간호사라는 직업이 등장하고, 간호학교가 설립되었으며, 여성의 사회운동이 활발해지는 계기가 되었다는 것이다. 나이팅게일의 활약이 효과가 있음이 판명되자 정부는 군대의 위생 개선을 위해 많은 투자를 하게 되었다.

이미 나폴레옹이 이끄는 군대에서 두창 예방접종을 하고, 식량 보존을 위해 통조림을 개발했으며, 모포 소독을 한 적이 있었다. 19세기 중엽을 지나면서 위생 상태가 전염병과 밀접한 관계가 있음이 알려졌으므로 그 후로 군대내 위생 관리가 점점 엄격해졌다. 그 결과 러일전쟁에서는 안전한 식수 공급, 발진티푸스 감염이 의심되는 곳 피하기, 각종 백신 접종 등과 같은 노력이 이루어졌다. 그 결과 일본군은 전사자가 약 5만 8,000명, 병사자는 약 2만 2,000명이 되었고, 러시아군은 전사자가 약 3만 1,000명, 병사자는 약 8,000명을 기록했다. 러일전쟁은 역사상 처음으로 병사자보다 전사자가 더 많은 전쟁으로 기록되었다.

전염병 전파를 막기 위한 일회용 주사기의 등장

질병은 발병 기간에 따라 급성과 만성으로 나눌 수 있다. 전염병은 대부분 급성에 해당한다. 즉 병원체에 노출되면 증상이 빨리 나타나서 병이 진행된다는 뜻이다. 2014년에 세계적으로 유행한 에볼라에서 볼 수 있듯이 급성 전염병은 신속히 조치를 취하지 않으면 얼마 못 가서 치명적인 결과를 유발할 수 있으므로, 아예 걸리지 않는 것이 최선이다.

급성 전염병 예방에 가장 큰 공헌을 한 것은 예방 백신이다. 아기가 태어나면 신생아 예방접종표에 따라 예방접종을 받는데, 짧은 시간에 적은 비용으로 문제를 예방하는 편이 전염병에 걸리는 것보다 경제적이고 효과적이기 때문이다. 40여 년 전에는 우리나라에서도 여름마다 단체로 예방접종을 하곤 했다. 하지만 오늘날 학교에서는 단체로 예방접종을 하는 일이 거의 사라졌다. 위생상의 문제와 부작용에 대한 대처가 늦을 수 있기 때문이다.

40여 년 전에는 일회용 주사기 대신 주사기 하나에 예방 백신을 잔뜩 넣어 놓고 주사기 바늘 하나로 여러 명의 학생들에게 조금씩 투여하는 일이 흔했다. 지금은 상상도 할 수 없는 일이다. 이 경우 주사기가 오염되어 있으면 동시에 여러 명에게 전염병이 전파될 수 있는 것은 물론이다. 주사기가 오염되지 않았더라도 한 학생이 가진 병원체가 주사기 바늘을 통해 다른 학생에게 전파될 가능성이 있는 위험한 행동이었다.

건강 상담을 하는 경우 의사들은 '적당'이라는 용어를 흔히 사용한다. "맛있는 음식을 양껏 드십시오."가 아니라 "적당한 양의 음식을 드십시오."와 같은 식이다. 위생도 너무 완벽하게 하면 안 되고 적당해야 한다. 전염병과 기생충 질환이 줄어드는 대신에 아토피성 질환과 같은 알레르기가 늘어나는 것은 너무 깨끗하기 때문이다. 위생을 '적당히' 하는 방법이 딱히 있는 것은 아니지만, 전염병 예방을 위해서는 전염병과 관계된 인자들을 적당히 잘 조절해야 한다는 것은 확실하다.

전염병 대책이 낳은 사회 풍속의 변화

지난 수십 년간 전염병에 대한 지식이 증가하였다. 그리고 의식하지 못하는 사이에 사회 풍속도 많이 변화되었다. 수십 년 전만 해도 낚시로 잡은 민물고기를 회로 먹는 사람들이 많았다. 하지만 이것이 한국인들에게 많은 간흡충^{간디스토마} 감염의 원인이 된다는 사실이 알려진 후 간흡충의 중간숙주인 민물고기를 산 채로 먹는 사람은 많이 줄었다. 간흡충은 담도

암의 원인이 되며, 민물고기 회는 간흡충 외에 폐흡충페디스토마의 감염 위험도 있다. 민물고기 회는 양식장에서 기생충 감염 여부를 확인해가며 키운 것을 먹어야 한다.

영어로 탄저를 가리키는 '앤스락스anthrax'라는 단어는 그리스어로 '석탄'을 의미하는 단어에서 유래했다. 사람에게 탄저가 발생하면 피부에 물집이 생기고, 검은색 딱지가 앉기 때문이다. 2001년 9월 11일, 비행기 두 대가 뉴욕 맨해튼 한복판의 쌍둥이 빌딩으로 날아들어 건물 두 개를 무너뜨리는 테러가 일어난 직후 탄저균 포자를 담은 흰 가루가 미국은 물론 네덜란드, 스위스, 영국, 오스트레일리아, 이스라엘, 아르헨티나, 폴란드 등 여러 나라로 배달되었다. 이 사건은 세계인의 이목을 끌었지만 끝내 범인은 잡히지 않았다. 이때 미국에서는 23명호흡기형 11명, 피부형 12명의 탄저 환자가 발생하여 5명이 목숨을 잃었다.

2015년 5월, 우리나라에서도 탄저와 관련된 사건이 일어났다. 미국 국방부에서 우리나라로 보낸 우편물 중에 탄저를 일으키는 세균이 있었다는 사실이 밝혀진 것이다. 이는 전염병 발생 가능성을 의미하는 것이어서 국가 간의 문제가 되었다.

탄저는 소, 말, 양, 염소 등의 초식동물에게 탄저균이 감염되어 발생하는 질병이지만 사람이나 육식동물도 감염된 동물과 접촉하면 전염될 수 있다. 우리나라에서는 1990년대 초 경주와 2000년 창녕에서 오염된 쇠고기를 먹고 탄저 환자가 발생한 예가 있다. 한국에서 발생한 환자는 탄저에 걸린 소를 제대로 처치하지 않고 먹다가 생긴 소화기 탄저였다.

1881년에 파스퇴르가 예방 백신을 개발함으로써 예방을 가능하게 해 주었지만 지금도 가축의 생고기를 먹는 경우 사람에게 탄저가 발생했다는 뉴스를 가끔씩 들을 수 있다. 공기를 통해 탄저균이 호흡기로 침범하는 경우는 즉시 항균제를 투여하지 않으면 치사율이 80~95퍼센트에 이른다는 연구 결과가 있을 정도로 치명적이므로, 환자가 발생하면 얼른 병원으로 가야 한다. 다행히 치료약만 잘 사용하면 나을 수 있다.

사람에게는 아주 드물게 발생하는 탄저가 문제가 되는 것은 전쟁이나 테러용 무기로 사용할 가능성이 높기 때문이다. 탄저는 '포자'라는 특수한 형태로 수십 년 이상 생존이 가능하다. 이 때문에 1940년대 영국과 1980년대 구소련 등에서 탄저균을 무기로 사용하기 위한 연구가 진행되었다. 1991년 걸프전에서는 미군이 전 병사들에게 탄저 백신을 투여한 바 있다. 이처럼 탄저균은 지금도 유력한 생물학전 무기의 하나로 취급되고 있으므로 더 효과적인 백신을 개발하려는 노력이 계속되고 있다.

열에 비교적 강한 폴리오마 바이러스는 쇠고기를 완전히 익히지 않은 경우 사람에게 쉽게 감염될 수 있다. 이 바이러스는 장기간이 지나면 간암을 유발하는 것으로 알려져 있기도 하다. 소에 기생하는 기생충 중 사람에게 가장 위협이 되는 것은 무구조충이다. 기생충 외에도 탄저균, 폴리오마 바이러스, 기타 미생물이 언제라도 새로운 숙주를 찾아 침입할 기회를 노리고 있으므로 가능하면 쇠고기는 잘 구워 먹어야 한다.

지금은 많이 줄어들었지만 1980~1990년대에는 B형간염 바이러스 감염이 크게 문제가 되었다. 당시 보균자는 우리나라 전체 국민의 10퍼센트를 넘을 정도였다. 그러니 이 바이러스의 감염을 막기 위해 술자리에서 잔 하나로 여러 사람이 돌려가며 마시는 일을 하지 말자는 캠페인이 벌어졌다. 실제로 침을 통해 B형간염 바이러스가 다른 사람에게 전파될 가능성은 낮지만 침을 통해 전해지는 각종 이물질이 다른 사람의 건강을 위협할 수 있으므로 술잔 돌리기는 물론 반찬을 함께 나눠 먹는 것도 바람직한 일은 아니다. 반찬은 빈 그릇에 덜어 먹는 것을 권장하고 덜기 위한 숟가락은 각자의 것이 아니라 별도로 준비하는 것이 좋다.

의학이 발전하면 해결할 수 있는 질병이 많아진다. 특히 피가 부족한 경우나 좋지 않은 피를 가진 사람에게는 수혈을 하는 것만으로도 생명을 구할 수 있는 경우가 많다. 그런데 피에 대한 지식이 증가하다 보니 헌혈로 구한 피 중에서 사용하지 못할 피가 많다는 것도 알게 되었다. 30년 전에는 C형간염 바이러스가 피에 들어있는지 검사를 하지 않았지만 지금은 하고 있고, 프리온에 의한 인간 광우병이 유행한 지역을 다녀온 사람의 피는 아예 헌혈을 받지 않고 있다. 수혈이 가능한 피가 많이 확보된다면 이를 이용하여 목숨을 살릴 수 있는 기회가 더 많아지겠지만 전염병을 예방하기 위해 헌혈 시 검사 항목도 늘어난 것이다.

전염병과
인간의 미래

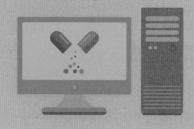

의학 발전은 한 명의 뛰어난 천재에 의해 이루어지는 것이 아니라 많은 이들의 노력과 성과가 한데 모여 이루어진다. 물론 그 가운데 천재가 끼어 있으면 발전이 더 빨라지곤 한다. 16세기에 코페르니쿠스와 베살리우스 등이 오늘날의 기준으로 보자면 과학적 연구방법에 의해 학문을 발전시키기 시작하자, 프랜시스 베이컨Francis Bacon은 과거의 학자들은 철학philosophy을 했지만 이제는 그들과 다르게 실험과 관찰에 더 중점을 둔 새로운 방법으로 학문을 연구해야 한다고 주장했다. 1662년에 영국에서 새로운 학문을 토론하는 모임인 왕립협회가 결성되자 여기에서 여러 학자들은 자신들이 과거의 학문인 철학과는 다른 학문, 즉 자연철학natural philosophy을 한다고 주장했다.

영국의 왕립협회나 유럽 여러 나라의 이와 유사한 모임에 참석하는 이들은 자신의 연구 결과를 발표하고, 다른 사람의 연구 결과를 들으며 학문의 깊이를 더해 간다. 지금은 각 나라에서 분야별로 그 분야의 연구자들이 모여 학회를 결성하고 학술 행사를 하는 일이 시도 때도 없이 벌어지고 있다. 정보기술이 발전하여 시간과 공간의 경계가 무너져가는 지금도 학문적 지식의 교환은 학문 발전에 빠질 수 없는 중요한 역할을 한다.

그런데 2003년에 사스가 유행하자 학술 대회가 취소되는 일이 일어났다. 이전에 보지 못한 새로운 전염병이 유행하고 있으니 관련 연구자들이 한데 힘을 모아 해결책을 마련해야 할 판에 이미 예정되어 있던 모임이 취소되어버린 것이다. 학자들이 교류를 하지 않으면 누가 해결책을 마련하라는 말인가?

1955년에 창립된 국제 생화학회는 창립 초기에 2년에 한 번씩 정기 모임을 했고, 지금은 3년에 한 번씩 모임을 하고 있다. 1991년부터 국제 생화학분자생물학회로 이름을 바꾼 이 학회는 단 한 번, 캐나다에서 개최하려던 제19차 학회가 취소되었다. 사스가 유행하면서 가장 먼저 전파된 나라의 하나인 캐나다에 사망자가 속출했기 때문이다. 나중에 캐나다에서는 사스에 의해 중국, 홍콩, 타이완에 이어 네 번째로 많은 251명의 사망자가 발생한 것으로 보고되었다.

2002년 11월 16일부터 중국에는 이전에 볼 수 없었던 무서운 전염병이 퍼져나가기 시작했다. 호흡기를 통해 감염되는 이 병은 열이 나고, 기침이 심해지며, 호흡곤란을 겪다가 결국에는 폐에 이상을 일으켜 사망에 이르게 했다. 당시 공산당 전당대회를 앞두고 중국이라는 떠오르는 대국의 권력을 누가 잡을 것인지, 세계의 관심이 쏠리고 있을 때 세계 최강대국의 꿈을 키워가고 있던 중국은 새로운 질병과 환자의 발생을 세계보건기구에 보고하지 않고 덮어두었다. 불과 5년 전 같은 지역에 조류독감이 발생했을 때 취한 것과 똑같은 조치였다. 중국이 이를 함구하는 동안 사스는 위력을 더해갔고, 불과 몇 개월 후 중국은 국제사회에 공식적으로 사과를 해야만 했다.

새로운 전염병의 유행을 눈치챈 세계보건기구는 이 질병에 대해 중국에 보고서를 제출할 것을 요구했으나 중국은 받아들이지 않았다. 그리고 수개월이 지난 후에야 2002년 11월부터 2003년 2월 중순까지 806명의 환자가 발생하여 34명이 사망했다는 사실이 알려졌다. 3월이 되자 환자로부터 병원 근무자들이 전염된 예가 계속해서 보고되었다.

그러던 중 2003년 2월에 중국을 방문한 미국 사업가가 싱가포르를 거쳐 베트남 하노이에 도착한 후 폐렴 증상을 보이면서 사망하는 일이 발생했다. 하노이에 있는 병원에서 이 환자를 치료한 의료진에게도 사스가 전염되었다. 세계보건기구에서 파견한 의사로 베트남에서 일하고 있던 이탈리아 의사 카를로 우르바니Carlo Urbani 1956~2003는 이 질병이 새로 출현한 전염병임을 발견했다. 그는 세계보건기구와 베트남 정부에 이 질병의 위험성을 알림으로써 국제적으로 빠르게 사스에 대응했으나 그 역시 사스에 걸려 세 아이와 아내를 남겨둔 채 그해 3월 29일에 세상을 떠나고 말았다.

세계보건기구는 3월 12일에 위험 상황을 선포하고 사태 해결에 나섰다. 하지만 중국은 물론 홍콩, 몽골, 베트남, 싱가포르, 태국, 미국 샌프란시스코, 캐나다 밴쿠버와 토론토 등 감염자가 돌아다닌 곳에는 사스 환자가 줄을 이어 발생했다. 당시 우리나라에서도 환자가 발생할 가능성은 충분히 있었다. 하지만 2003년 4월 25일부터 5월 10일 사이에 단 3명만 발생했고, 다행히 사망자는 한 명도 없어서 김치가 사스를 막아 준다는 이야기가 나오기도 했다.

2003년 1년간 세계보건기구는 매달 보도자료를 발표하고 동시에 사스에 대한 연구 결과를 수시로 보고하는 등 부산을 떨었다. 다행히 인류에게 큰 위협이 될 수도 있다는 예상이 빗나가면서 모두 1,000명이 안되는 사망자를 남긴 채 2004년 5월 이후로는 사스에 대한 소식이 들려오지 않고 있다.

사스의 가장 무서운 특징은 전파 속도가 빠르다는 점이다. 감염된 환자의 콧물, 가래, 침과 같은 분비물이 어딘가에 묻으면 이를 통해 다음 사람에게 전파되므로 전파 속도가 빠르고, 증세도 빨리 나타난다. 이것이 이 질병이 무서운 이유다. 특이한 점은 잠복기가 짧게는 2일, 길게는 29일에 이른다는 점이다. 잠복기가 긴 경우에는 전염성을 가지고 있는 기간이 길다는 것을 의미하므로 뜻하지 않게 수많은 사람에게 피해를 입힐 수도 있다.

환자와 접촉했거나 질병 발생 지역을 다녀온 사람이 38℃ 이상의 고열이 계속되는 경우와 흉부 X선 사진에서 비전형적인 폐렴이나 호흡장애증후군 증상이 발견되는 경우 사스를 의심할 수 있다. 중합효소연쇄반응에 의해 사스 병원체의 유전정보를 분석하거나 면역반응을 이용한 효소결합면역흡착분석법ELISA, 면역형광법immunofluorescence 등이 진단법으로 개발되어 있다. 사스에 대한 치료는 증세에 따라 대증요법을 실시할 수밖에 없으며, 시간이 지난 후에 평가해본 결과 항바이러스제 중 뚜렷한 효과를 지닌 것은 발견되지 않았다.

다행히 사스는 2002~2003년에 예상했던 것과 다르게 2004년 중반을 지나면서 잠잠해졌다. 가끔 예방 백신을 개발했다는 소식이 들려오고 있으나 아직 그 효과는 확실치 않은 상태다. 증상이 나타난 경우 사망률은 약 10퍼센트에 이르므로 평소 면역력을 기르는 것이 현재로서는 최선의 예방법이라 할 수 있다. 적절한 영양 상태 유지, 규칙적인 운동 등을 통해 건강을 유지하고 온몸을 청결히 하는 것이 사스 예방에 도움이 된다.

최근 멧돼지가 주택가에 나타났다는 뉴스가 자주 전해지곤 한다. 실제로 아파트를 배회하고 있는 멧돼지와 마주친다면 아마도 119에 연락하여 멧돼지를 잡아달라고 해야 할 것이다. 멧돼지와 접촉하면 찰과상을 입거나 알레르기가 생길 수도 있고 심하면 미생물 병원체에 감염될 수도 있다.

그런데 왜 최근에 멧돼지가 인간이 사는 곳으로 내려오기 시작한 것일까? 산에서 살아야 할 멧돼지가 사람들이 사는 동네로 내려오기 시작하는 이유를 간단히 정리해 보면 첫째, 멧돼지가 수적으로 증가하여 서식처가 좁아지는 바람에 행동 반경이 넓어졌기 때문이다. 둘째, 사람들이 계속해서 자신들의 영역을 확대해감으로써 사람과 멧돼지가 접촉할 수 있는 기회가 증가했기 때문이다. 셋째, 멧돼지 수는 증가하지만 먹잇감은 충분하지 않아 먹이를 구하기 어려워져서 사람의 영역을 침입할 수밖에 없기 때문이다.

멧돼지는 덩치가 커서 눈에 잘 보이므로 멧돼지를 발견하는 경우 도망을 치면 큰 해를 입지 않을 수도 있다. 그런데 만약 눈에 보이지 않는 작은 생물체미생물라면 어떨까? 전혀 위험성을 느끼지 못한 상태에서 접촉을 하는 경우가 생길 것이다. 하필이면 이 미생물체가 사람에게 치명적인 질병을 일으키는 것이라면 그 피해는 고스란히 사람에게 돌아간다. 돼지독감이라는 이름에서도 알 수 있듯이 미생물 병원체는 멧돼지로부터 옮겨질 수도 있고, 자연환경에서 전해질 수도 있으며, 크고 작은 동물을 통해 사람에게 전파될 가능성도 얼마든지 있다. 멧돼지가 사람 사는 곳에 자주 나타나는 것이 환경을 파괴하면서 자신들의 생활 반경을 넓혀가는 인간의 탐욕 때문이라면, 이 탐욕은 언제라도 사람에게 새로운 질병을 전파할 수 있음을 알아야 할 것이다.

사람은 지구의 주인이 자신들이라고 믿고 있지만 46억 년에 이르는 지구의 나이를 생각해보면 유인원 시절부터 사람이 살아온 시간은 수백만 년밖에 안 되는 너무나도 짧은 시간일 뿐이다. 만약 작은 혜성이라도 지구에 부딪혀 공룡이 멸종할 때처럼 큰 변화를 일으킨다면 사람은 더 이상 지구에서 생존하지 못할 수도 있다.

만약 지구 밖에서 사람보다 훨씬 고등한 우주인이 있어서 이 모습을 지켜보고 있다면 사람보다 훨씬 먼저 지구에 정착하여 사람이 멸종한 후에도 남아 있는 미생물을 가리켜 '지구의 지배자'라고 할 것이다. 지구 나이의 약 10만분의 1밖에 안 되는 짧은 기간 동안 지구에서 산 사람을 지구의 지배자라고 하지는 않을 것이다. 46억 년간 비교적 조용하게 한가로운 변화를 겪어가며 생존해온 지구가 오늘날 온난화를 비롯한 환경 변화에 직면하여 큰 내홍을 겪게 된 것은 오로지 인간이라는 존재가 지구를 못살게 굴었기 때문이다.

근대에 들어서서 과학적 사고와 생활 태도가 생겨나면서 먹고사는 일 외에 즐거움을 추구하는 일을 찾기 시작했지만 이 기간은 현생 인류의 탄생 이후 지금까지의 기간 중 1퍼센트도 채 되지 않는 짧은 기간일 뿐이다. 그러나 인간의 능력은 그 짧은 시간 동안 지구의 생존을 위협할 정도가 되었다. 인간들이 더 즐겁고 편하고 행복하게 살아보겠다는 일념으로 하고 싶은 대로 살아온 결과 20세기 후반부터 지구는 거대한 변화와 마주치게 되었다. 이와 같은 지구의 변화는 미생물에게도 변화를 요구하고 직접적으로 사람에게 새로운 전염병 발생의 가능성을 높여주었다.

사람에게 전파되는 동물의 전염병

2012년 9월 사우디아라비아에서 열과 기침을 동반한 호흡곤란 증상의 환자가 발생했다. 확인 결과 코로나 바이러스의 일종인 베타코로나 바이러스에 감염되었음이 알려졌다. 코로나 바이러스는 사람에게 흔히 감염되지만 증상이 심하지 않아서 쉽게 낫는다. 그러나 2002년부터 2003년까지 세상을 떠들썩하게 한 사스의 경우 코로나 바이러스의 변종에 의한 것으로 세계적으로 8,000명이 넘는 사람들이 감염되어 약 10퍼센트가 세상을 떠난 바 있다.

역학 조사를 통해 추적한 결과 2012년 4월에 요르단에서 처음 발생한 이 병은 중동 지방에서 많이 발생한 까닭에 중동호흡기증후군Middle East Respiratory Syndrome, MERS이라는 이름이 붙었으며, 초기에는 감염자의 약 40퍼센트가 사망할 정도로 무서운 병이었지만 지금은 의료진들의 보살핌에 의해 사망률이 낮아지고 있는 중이다. 2012년에 새로 나타난 이 전염병은 아마도 낙타와 같은 동물로부터 사람에게 전파된 것으로 추정된다.

광우병, 조류독감, 사스, 에볼라, 유행성출혈열, 마버그열, 라싸열, 리프트밸리열, 웨스트나일 바이러스 감염, 니파열. 이 병의 공통점은 메르스와 마찬가지로 원래 사람에게서 발견되지 않던 동물의 전염병이었으나 20세기 후반부터 본격적으로 사람을 향해 덤벼들기 시작한 인수공통전염병이다. 인수공통전염병이 증가하는 이유는 다음과 같다. 첫째, 의학이 발전하여 새로운 질병을 진단하는 기술이 향상되었다. 의학 수준이 낮았던 과거에는 새로운 인수공통전염병이 나타나더라도 이것이 무슨 병인지 모르고 지나갈 수 있었다. 하지만 오늘날에는 정확한 원인, 진단, 치료법 중 일부를 알아내지 못할 수는 있어도 그 질병을 모르고 지나갈 가능성은 과거보다 훨씬 낮아졌다.

둘째, 의료 기술이 발전하면서 동물로부터 의료 산업에 사용되는 재료를 얻는 일이 잦아졌다. 예를 들면 인슐린을 당뇨병 치료에 이용하기 시작한 초기에는 돼지 인슐린을 분리하여 사람에게 투여했다. 이 과정에서 돼지의 전염병이 사람에게 전파될 가능성이 높아졌다. 오늘날에는 돼지 인슐린 대신 유전자 재조합으로 얻은 인슐린을 사용한다.

셋째, 교통의 발전에 의해 사람들의 이동과 접촉이 잦아졌다. 교통의 발전은 사람과 사람은 물론 사람과 동물의 접촉 기회를 증가시킴으로써, 과거에는 작은 지역에서 유행하다 사라질 질병도 오늘날에는 넓은 지역으로 번져갈 가능성이 증가되었다.

넷째, 지구상의 생활환경이 변화하는 속도가 빨라지면서 병원체들이 쉽게 변이를 일으킬 수 있는 환경이 되었다. 환경의 변화는 생명체가 환경에 적응하는 능력을 향상시킨다. 멸종위기에 처한 생명체는 살아남기 위해 여러 가지 방법으로 변이를 일으키며, 이 과정에서 종의 다양성이 커지고 결과적으로 인간에게 해가 되는 병원체의 수도 증가한다.

다섯째, 개발에 의해 자연환경이 파괴되면서 사람과 격리되어 있던 동물들이 사람과 접촉할 기회가 많아졌다. 밀림이 우거진 환경에서는 사람이 밀림의 동물과 접촉할 기회가 거의 없었다. 그러나 인간이 댐을 건설하고, 우거진 숲을 베어내면서 살 곳을 잃은 동물이 사람과 접촉할 기회는 점점 늘어나게 되었다. 에볼라의 경우 박쥐가 사람에게 옮긴 질병으로 추측되며, 에이즈는 원숭이가 사람에게 옮긴 것으로 판명되었다.

여섯째, 오늘날에는 가축을 야생에서 키우는 것이 아니라 공장화된 형태로 키우고 있다. 야생에서 가축이 자란다면 혹시 전염병이 발생하더라도 아주 제한된 지역에서 유행하는 것으로 끝나겠지만 공장 형태의 좁은 장소에서 운동도 제대로 못 하는 상태로 사육되다 보니 전염병에 대한 방어 능력도 떨어질 뿐 아니라 한 번 유행했다 하면 집단적으로 발병한다. 또한 이를 다루는 사람들이나 접촉한 물질을 통해 사람에게 전파되기 쉬운 환경이 조성되었다.

사람이 현재의 생활 방식을 자연친화적으로 바꾸지 않는다면 인수공통전염병은 점점 더 큰 문제를 일으킬 것이다. 이제라도 인류는 머리를 맞대고 어떻게 하는 것이 인수공통전염병 해결에 가장 좋은 방법인지 궁리해야 할 것이다.

깨끗한 환경이 유행시킨 전염병, A형간염

사람의 몸에서 간은 물질 대사와 해독을 담당한다. 간염은 간에 염증이 생기는 질병이다. '염증'이란 세포나 조직이 해를 입을 수 있는 상황이 발생했을 때 염증 반응을 일으키는 세포들이 모여들어 해를 최소화하기 위한 방어기제를 발동하는 현상을 가리킨다. 약한 경우에는 염증 반응이 일어났는지 아닌지도 느끼지 못하고 지나갈 수 있지만 열, 빨간색으로 변화, 부어오름, 통증, 기능 상실 등의 증상을 일으킬 수도 있으며, 심한 경우에는 간이 제 기능을 하지 못해 목숨을 잃을 수도 있다.

간에 염증을 일으키는 원인으로는 바이러스, 알콜, 약을 포함한 독성 물질, 자가면역 등을 들 수 있다. 이러한 원인 물질에 노출되면 급격히 간세포를 파괴하다가 얼마 지나지 않아서 정상으로 돌아오는 급성 간염이 생길 수 있다. 또는 노출 초기에는 별다른 해를 입히지 않은 상태로 수년에서 수십 년에 걸쳐 서서히 간세포를 파괴하여 종국에는 간을 딱딱하게 변화시키고^{간경화}, 더 심해지면 간암이나 간부전 상태에 이르게 되어 생명을 앗아가기도 한다.

간에 염증이 생기면 간세포가 죽어나가게 되므로 기능이 감소한다. 다행히 간은 재생이 잘 되므로 어느 정도 손상이 생긴 후에도 치료만 하면 원상태의 기능을 회복할 수 있다. 간에 염증이 생기는 가장 흔한 이유는 바이러스에 감염되는 것이다. 간에 염증을 일으키는 바이러스는 A, B, C, D, E, G 등 적어도 6가지가 알려져 있으며 어느 바이러스가 감염되어 간염을 일으키느냐에 따라 A형간염, B형간염 등으로 불리게 된다.

B형과 C형간염 바이러스는 일반적으로 인체에 침입하면 당장 문제를 일으키기보다는 아주 서서히 간에 이상을 일으키므로 감염된 사실을 모른 채 지내다가 신체검사나 다른 병이 있어서 병원에 갔을 때 우연히 발견되는 경우가 많다. A형간염 바이러스에 의한 감염은 10여 년 전

만 해도 우리나라에서 드문 일이었으나 최근에 A형간염 바이러스 감염에 의해 간염이 발생하는 환자가 늘어나는 추세다.

2003년 11월에는 A형간염이 국제적인 분쟁으로 이어진 적이 있다. 미국에서 집단급식을 통해 여러 학교에서 550명의 환자가 발생하자 조사에 나선 미국 당국이 "멕시코에서 수입한 채소에 A형간염 바이러스가 오염되어 있는 것이 원인"이라며 멕시코에게 책임을 돌렸다. 그러자 멕시코는 "같은 채소를 먹은 우리나라에서는 환자가 발생하지 않는데 미국에서만 발생한 것은 유통 과정의 문제일 뿐"이라며 다시 미국으로 책임을 돌렸다. A형간염은 급성으로 왔다가 빨리 사라지는 까닭에 설전을 벌이다 공동조사조차 안 해보고 잠잠해졌지만 A형간염의 특성을 잘 보여준 사건이라 하겠다.

A형간염 예방을 위해서는 백신을 접종받으면 된다. 이미 A형간염에 대한 항체를 지닌 사람은 이미 면역력을 지니고 있는 상태이므로 예방접종을 받을 필요가 없다. A형간염 바이러스는 주로 음식을 통해 전파되므로 조리된 음식과 끓인 물을 마시는 것이 중요하다. 외출 후에 손과 같이 외부로 노출된 부위를 씻는 것은 A형간염은 물론 신종플루를 비롯한 각종 전염병 예방에 필수다.

A형간염에 의한 증상은 다른 간염과 비슷하다. 열이 나고 피로해지며, 배가 아프고 메스껍고 구토가 나며, 소변이 짙은 색으로 변한다. 심한 경우 얼굴이 노랗게 변하는 황달이 생길 수도 있다. 전반적으로 소아 때는 증상이 약하지만 성인에게 발생하는 경우는 증상이 심하고 담낭염, 췌장염, 신부전과 같은 각종 합병증 발생 확률이 높아진다. 특별한

치료법이 없으므로 증상을 완화시키다 보면 오래지 않아 일상생활로 돌아올 수 있다. 그런데 과거에는 그리 문제가 되지 않았던 A형간염이 증가하는 이유는 무엇일까?

일반적으로 전염병은 위생 수준이 낮은 나라에서 더 많이 발생하지만 꼭 그런 것은 아니다. 예를 들면 레지오넬라 감염증은 냉방용 에어컨 사용이 일반화하기 시작하면서 널리 퍼지기 시작했으니 현대 문명이 만들어낸 병이라고 할 수 있다. 신기하게도 A형간염은 위생 수준이 높아지면서 많이 발생하는 전염병이다.

1960~1970년대에 우리나라의 위생 수준은 지금과는 비교도 할 수 없을 만큼 열악했다. 위생 수준이 낮으니 감염 환자가 생길 가능성은 높았지만 실제로는 자신도 모르는 사이에 소아기에 감염된 후 자연적으로 면역을 가질 가능성도 높았다. A형간염 바이러스 역시 소아기에 감염되면 약한 증상을 일으키며 면역력을 발전시켜 성인에게서 다시 발생할 가능성이 낮아진다. 그러나 위생 수준이 향상된 오늘날에는 소아기에 감염될 가능성이 아주 낮아져 자연적으로 면역력을 형성할 수 없게 되었다. 따라서 과거보다 늦은 나이에 환자들이 발생하게 되었고, 나이가 많은 경우에는 증상이 더 심하게 나타나는 A형간염의 특징에 따라 수십 년 전과 비교할 때 오늘날의 환자들이 더 심한 증상을 보이게 되었다. A형간염은 위생 수준이 높아서 더 잘 생기는 질병이니 사람과 질병의 관계는 참으로 오묘하다.

지구온난화에 따른 말라리아의 재창궐

우리 조상들은 주기적으로 열이 오르는 증상을 학질, 돌림병, 하루걸이라 했다. 주로 여름에서 가을로 넘어갈 무렵 유행하는 이 질병이 바로 말라리아다. 역사적으로 말라리아로 추정되는 질병이 처음 나타난 것은 고려 의종 때인 1152년이며, 여러 자료를 통해 말라리아로 생각되는 질병이 수시로 유행하였음을 알 수 있다.

1913년에 일본인이 혈액 속의 원충을 찾아내는 진단법을 우리나라에 처음 도입한 후 우리나라에서 유행하는 말라리아의 대부분이 삼일열 말라리아임을 알게 되었다. 1920~1930년대에는 꽤 많은 말라리아 환자가 발생했다. 1962년에 세계보건기구가 범세계적으로 대대적인 항말라리아 사업을 전개하자 당시 보건사회부도 이에 동참하여 말라리아 박멸에 힘을 쏟았다. 그 결과 경기 북부와 동부, 경북 지방을 제외하고는 1960년대 후반부터 말라리아 환자가 급속히 감소하다가, 1975년 이후에는 환자 발생이 거의 사라졌다. 그러나 말라리아 전파력을 지닌 중국얼룩날개모기Anopheles sinensis는 줄어들지 않았으므로 언제라도 다시 유행할 가능성이 남아 있었다.

그런데 1990년대에 접어들자 북한이 세계보건기구에 말라리아 치료제인 클로로퀸chloroquine 공급을 요청했다. 이때부터 북한에 말라리아 환자가 발생했거나 발생이 증가하기 시작한 것으로 추정된다. 그리고 1993년 7월, 경기도 북부 지방에 근무 중인 군인에게서 삼일열 말라리아가 발생했다. 이듬해부터는 말라리아 환자 발생이 매년 급속히 증가하여 1998

년부터 2000년까지 3년간 매년 약 4,000명의 환자가 발생했다.

다행히 2001년부터 환자 발생이 꾸준히 줄어드는 편인데, 연구에 의하면 북한에서 말라리아를 보유한 모기가 임진강을 넘어온 것이 1990년대 이후 다시 삼일열 말라리아가 유행한 원인으로 발표되었다. 모기는 더운 곳에서 더 잘 생존하는데 우리나라에서는 왜 따뜻한 남쪽 지방보다 상대적으로 덜 따뜻한 휴전선 부근에서 말라리아 환자가 많이 발생하는 것일까?

그것은 모기의 분포 때문이다. 모기의 여러 종류 중에서 말라리아를 전파하는 모기는 아노펠레스Anopheles속에 속하는 얼룩날개모기다. 우리나라에서 이 모기와 말라리아 원충이 함께 존재하는 지역이 바로 휴전선 부근이라는 점이 남쪽 지방보다 휴전선 서쪽에 말라리아 발생 환자 수가 많은 이유다. 질병관리본부에서 고위험 지역으로 지정한 강화군, 옹진군, 김포시, 연천군, 파주시, 철원군 등에 거주하는 사람들은 헌혈도 하지 못하게 되어있다.

모기를 어떻게 분류하느냐에 따라 그 종류가 달라지지만 세분하면 수천 가지 종류로도 구분할 수 있다. 그중에서 인체에 병을 전파하는 것은 아노펠레스, 에이데스Aedes, 쿨렉스Culex 등 세 가지 속이다. 쿨렉스 모기는 다른 두 종류와 다르게 엉덩이를 들지 않고 수평으로 앉는 것이 특징이다.

말라리아는 유구한 역사를 자랑하는 전염병임에도 불구하고 효과적인 백신이 개발되지 않은 상태다. 따라서 가장 좋은 예방법은 모기에 물리지 않는 것이다. 1970년대 후반에는 여름이 되면 일본뇌염 예방접종

모기의 종류	질환
아노펠레스	말라리아(malaria) 말레이 사상충(Brugia malayi) 웨스트나일 바이러스 감염증
에이데스	반크롭트 사상충(Wuchereria bancrofti) 말레이 사상충(Brugia malayi) 황열(Yellow fever) 뎅기열(Dengue fever) 웨스트나일 바이러스 감염증
쿨렉스	반크롭트 사상충(Wuchereria bancrofti) 일본뇌염(Japanese Encephalitis) 툴라레미아(Tularemia) 웨스트나일 바이러스 감염증

모기가 전파하는 전염병의 예

을 받고 모기를 잡아야 한다는 이야기를 흔히 들었지만 이제는 뇌염보다 말라리아가 더 문제가 되고 있다. 모기는 수많은 전염병을 전파하므로 무조건 잡는 것이 좋다. 모기 박멸을 위해서는 서식지를 정화하여 모기가 생존할 장소를 없애는 방법이 있고, 인체에는 무해하면서도 모기는 죽일 수 있는 살충제를 이용할 수도 있다.

모기는 더운 날씨에 번식을 잘 하므로 지구온난화에 의해 모기의 분포 지역이 점점 넓어지고 있다. 모기가 전파하는 질병은 아주 다양하며, 모기의 생존력이 뛰어나 점점 더 인류의 건강을 위협하고 있다. 2000년 이후 일본뇌염처럼, 뇌에 염증을 일으키는 웨스트나일 바이러스 감염에 의한 뇌염이 아직 우리나라에는 환자가 발생하지 않았지만 세계적으로 문제가 되는 것처럼 모기가 전파하는 전염병은 계속해서 인류를 괴롭힐 것으로 예상된다.

정보기술을 이용하여 전염병 대처하기

오늘날 정보기술, IT는 하루가 다르게 발전하고 있다. 정보기술의 발전은 세상을 살아가는 방법에도 변화를 가져오게 되었다. 이제는 머릿속에 지식을 많이 담아 놓은 사람보다는 많은 지식을 검색하여 활용하는 사람이 더 능력을 인정받는 시대이다. 비약적으로 발전하고 있는 정보기술을 이용하여 전염병에 대한 해결책을 찾을 수는 없을까?

최근에 세계적으로 화제가 된 전염병, 즉 2003년의 사스, 2009년의 신종플루, 2014년의 에볼라의 예에서 볼 수 있듯이 전염병이 유행하는 경우 그 양상이 어떻게 되는지를 판단하는 것이 무엇보다 중요하다. 전염병에 대한 지식이 많아지면 그 전파 경로를 효과적으로 차단함으로써 백신이 개발되어 있지 않더라도 어느 정도 예방이 가능해진다. 전염병의 경우 병을 일으키는 미생물 병원체가 계속 증식하면서 새로운 숙주를 찾아 전파되지 않으면 세력이 약화되기 때문이다.

전파 경로를 차단하는 방법으로는 전염원과 접촉하지 않는 것이 가장 중요하다. 환자와 접촉하지 않는 것은 물론 환자가 사용한 물품이나 환자로부터 유래한 검체와 접촉하지 않으면 예방이 가능해진다. 그런데 병원체가 몸에 들어오기는 했지만 아직 증상은 나타나지 않아서 환자인지 아닌지 구별이 어려운 보균자의 경우는 어려운 방법이긴 하다.

현대의 정보기술을 이끌고 있는 구글www.google.com에서는 전염병이 유행할 때 인터넷 접속 횟수에 대한 통계를 내보았다. 인터넷 보급은 전 세계에 골고루 되어 있는 것이 아니므로 우리나라처럼 초고속 인터넷을 시간과 공간의 제약 없이 사용 가능한 나라에서는 그 전염병 이름과 같이 특정 이름을 검색하는 횟수가 상대적으로 많을 것이고, 인터넷 보급이 미약한 나라에서는 반대 상황이 벌어질 것이라는 예상이 가능하다. 그럼에도 불구하고 구글의 통계 결과는 접속 횟수의 증가와 전염병의 밀접한 관계를 보여주었다.

통계학적으로 보면 가장 중요한 모집단과 표본집단의 구성이 잘 통제되었다고 볼 수 없으므로 참고자료로만 사용해야겠지만 인터넷에서 특정 검색어를 찾는 횟수가 전염병의 전파 양상을 이해하는 데 도움이 된다고 판단한 구글에서는 누구나 이 자료를 이용할 수 있도록 자료를 제공하고 있다. 예를 들면 독감에 대한 자료는 http://www.google.org/flutrends/로 들어가면 되고, 뎅기열에 대한 자료는 http://www.google.org/denguetrends/에서 볼 수 있다.

또한 미국 뉴멕시코대학교와 애리조나대학교는 이상 증상을 느낀 사람이 자신에 대한 정보를 입력하면 이를 분석하여 정보를 공유할 수 있는 체계Syndrome Reporting Information System, SYRIS를 구축하여 누구나 활용할 수 있게 했다. 이 프로그램은 전염병에 대한 정보를 얻는 데 특히 유용하며, 이를 활용하려면 http://syris.arescorporation.com/demo로 접속하면 된다. 여기에 자신의 정보를 입력하면 프로그램이 자동으로 분석하여 구글에서 보여주는 자료처럼 전염병 발생 양상을 알려준다.

현대의 정보기술이 워낙 빨리 발전하고, 이를 응용하는 방법도 계속 개발되고 있으므로 이 기술이 앞으로 전염병 해결을 위해 어떤 역할을 할 것인지는 예측하기 힘들지만 어떤 형태로든 도움이 될 것으로 기대된다.

참고 문헌

1 전염병과 인간

- 대한미생물학회, 《의학미생물학》(엘스비어코리아, 2014년)

- 예병일, 《현대의학, 그 위대한 도전의 역사》(사이언스북스, 2005년)

- 아노 카렌, 《전염병의 문화사》(사이언스북스, 2001년), 권복규 옮김.

- J. H. 콤로, 《의학사 산책》(미래사, 1992년), 박찬웅 옮김.

- 노벨재단 홈페이지 www.nobelprize.org

- 지나 콜라타, 《독감》(사이언스북스, 2003년), 안정희 옮김.

- 테리 브라운, 《유전학 입문》(월드사이언스, 2013년), 김영민 옮김.

2 전염병의 시대

- 테오도어 몸젠, 《몸젠의 로마사 [1], [2]》(푸른역사, 2014년), 김남우, 김동훈, 성중모 옮김.

- 윌리엄 맥닐, 《전염병과 인류의 역사》(한울, 2009년), 허정 옮김.

- Randall M. Packard, 《The Making of a Tropical Disease: A Short History of Malaria》 (Johns Hopkins University Press, 2011)

- 셀던 와츠, 《전염병과 역사: 제국은 어떻게 전염병을 유행시켰는가》 (모티브북, 2009년), 태경섭, 한창호 옮김.

- George C. Kohn, 《Encyclopedia of Plague & Pestilence》 (Wordsworth Reference, 1995)

- Han T. Siem, 《Men, Microbes and Medical Microbiologists: A Concise Pictorial History of Medical Microbiology and Infectious Diseases》(Erasmus Publishers, 2004)

- 버나드 로 몽고메리, 《전쟁의 역사》(책세상, 2004년), 승영조 옮김.

- 예병일, 《전쟁의 판도를 바꾼 전염병》(살림출판사, 2007년)

- 예병일, 《현대의학, 그 위대한 도전의 역사》(사이언스북스, 2005년)

- 리차드 고든, 《역사를 바꾼 31명의 별난 환자들》(에디터, 2001년) 김철중 옮김.

- Christopher Wills, 《Yellow Fever Black Goddess》 (Addison–Wesley Publishing Company, INC., 1996)

3 전염병과 인간의 반격

- Gerald L. Geison, 《The Private Science of Louis Pasteur》
  (Princeton University Press, 1995)

- Donald R. Hopkins, 《The Greatest Killer: Smallpox in History》
  (University of Chicago Press, 2002)

- Jonathan Slack, 《Stem Cells: A Very Short Introduction》
  (Oxford University Press, 2012)

- Erin C. Donnelly and Arthur M. Dixon, 《DNA Vaccines: Types, Advantages and
  Limitations》(Nova Science Publishers, Inc., 2011)

- 데이비드 윌슨, 《페니실린을 찾아서》(전파과학사, 1997년), 장영태 옮김.

- 예병일, 《의학사의 숨은 이야기》(한울, 1999년)

- 예병일, 《인류를 구한 항균제들》(살림출판사, 2007년)

4 전염병이 바꾼 일상

- 온라인 세균학 교과서 http://textbookofbacteriology.net/Impact_3.html

- 스티브 존슨, 《감염지도: 대규모 전염병의 도전과 현대 도시문명의 미래》
  (김영사, 2008년), 김명남 옮김.

- 에드워드 골럽, 《의학의 과학적 한계》(몸과 마음, 2001년), 예병일 옮김.

- Han T. Siem, 《Men, Microbes and Medical Microbiologists: A Concise Pictorial History
  of Medical Microbiology and Infectious Diseases》(Erasmus Publishers, 2004)

- Rod Edmond, 《Leprosy and Empire: A Medical and Cultural History》
  (Cambridge University Press, 2009)

- 로이 포터, 《의학, 놀라운 치유의 역사》(네모북스, 2010년), 여인석 옮김.

- 로이 포터, 《의학콘서트》(예지, 2007년), 이충호 옮김.

- Grace Goldin, 《Work of Mercy: A Picture History of Hospitals》
  (Boston Mills Press, 1994)

- George C. Kohn, 《Encyclopedia of Plague & Pestilence》
  (Wordsworth Reference, 1995)

5 전염병과 인간의 미래

- 영국 왕립협회 홈페이지 www.royalsociety.org

- 세계보건기구 홈페이지 www.who.int

- 테트레프 간텐, 틸로 슈팔, 토마스 다이히만,
  《우리 몸은 석기시대: 진화의학이 밝히는 질병의 이유들》(중앙북스, 2011년), 조경수 옮김.

- 로버트 데소비츠, 《말라리아의 씨앗》(후마니타스, 2014년), 정준호 옮김.

- 예병일, 《의학, 인문으로 치유하다》(한국문학사, 2015년)

- 용태순 외, 《인체 기생충학》(JMK, 2012년)

- 미국 CDC 홈페이지 www.cdc.gov

- 한국 CDC 홈페이지 www.cdc.go.kr

그림 소장 및 출처

이미지 출처

- 21쪽 http://commons.wikimedia.org/wiki/File:Jan_Verkolje_-_ Antonie_van_Leeuwenhoek.jpg

- 22쪽 http://commons.wikimedia.org/wiki/File:Robert_Koch_BeW.jpg

- 31쪽 http://commons.wikimedia.org/wiki/File:Emergency_hospital_during_ Influenza_epidemic,_Camp_Funston,_Kansas_-_NCP_1603.jpg

- 33쪽 http://commons.wikimedia.org/wiki/File:Joshua_Lederberg_ lab.jpg?uselang=ko

- 40쪽 http://commons.wikimedia.org/wiki/File:Galen_detail.jpg

- 41쪽 http://commons.wikimedia.org/wiki/File:H%C3%A9bert_Malaria.jpg

- 54쪽 http://commons.wikimedia.org/wiki/File:Jacques-Louis_ David_017.jpg

- 60쪽 http://commons.wikimedia.org/wiki/File:LouisianaPurchase.png

- 72쪽 http://commons.wikimedia.org/wiki/File:Edward_Jenner_ by_James_Northcote.jpg

- 74쪽 http://commons.wikimedia.org/wiki/File:The_cow_pock.jpg

- 76쪽 http://commons.wikimedia.org/wiki/File%3AAlbert_Edelfelt_-_ Louis_Pasteur_-_1885.jpg

- 88쪽 http://commons.wikimedia.org/wiki/File:Paul_Ehrlich_ Arbeitszimmer.jpg

- 99쪽 http://commons.wikimedia.org/wiki/File:Synthetic_ Production_of_Penicillin_TR1468.jpg

- 101쪽 http://commons.wikimedia.org/wiki/File:Penicillin_Past,_ Present_and_Future-_the_Development_and_Production_of_ Penicillin,_England,_1944_D17806.jpg

- 115쪽 http://textbookofbacteriology.net/Impact_3.html

- 130쪽 http://commons.wikimedia.org/wiki/File:TB_poster.jpg

그림 소장처

교과연계